# Le financement du terrorisme

Comité International des Pénalistes Francophones

La présente collection se destine à la publication des travaux du Comité des Pénalistes francophones. Elle comprend notamment les actes des congrès internationaux organisés par le Comité.

Sous la direction de
Delphine Brach-Thiel

# Le financement du terrorisme

L'Harmattan

Du même auteur

*La responsabilité pénale de la personne morale, Enjeux et avenir*, sous la direction de Dilphine Brach-Thiel et Ann Jacobs, ISBN 978-2-343-05690-6

*Existe-t-il encore un seul "non bis in idem" aujourd'hui ?*, sous la direction de Delphine Brach-Thiel, ISBN 978-2-343-11828-4


**5-7, rue de l'Ecole-Polytechnique, 75005 Paris**

http://www.editions-harmattan.fr

ISBN : 978-2-343-18141-7
EAN : 9782343181417

## Les auteurs

Julie ALIX, *Professeur à l'Université de Lille, CRDP - ERADP*

Delphine BRACH-THIEL, *Maître de conférences-HDR à l'Université de Lorraine, Institut François Gény*

Jean-Marie BRIGANT, *Maître de conférences à Le Mans Université, Membre du THEMIS-UM, Membre associé de l'Institut François Gény*

Christophe DEPREZ, *Assistant et maître de conférence à l'Université de Liège, Avocat au Barreau de Bruxelles*

Philippe FÉLIX-UNCANIN, *Doctorant en droit privé et sciences criminelles à l'Université de Lorraine, Institut François Gény*

Daniel FLORE, *Professeur à l'Université de Liège, Directeur du S.P.F. Justice*

Raphaël MALAGNINI, *Magistrat fédéral, Parquet fédéral de Belgique*

Jérôme LASSERRE CAPDEVILLE, *Maître de conférences-HDR à l'Université de Strasbourg*

Patrick THEVISSEN, *Avocat, Assistant à l'Université de Liège*

Jean-Baptiste THIERRY, *Maître de conférences à l'Université de Lorraine, Institut François Gény*

*Avec le concours de l'Institut François Gény (EA 7301)*

# Avant-propos

## Delphine BRACH-THIEL

*Maître de conférences-HDR à l'Université de Lorraine,*
*Institut François Gény (EA 7301)*

Quel point commun entre une mère de famille qui envoie un chèque à son fils parti en Syrie et une multinationale qui – à coup de pots de vins – assure sa sécurité sur un théâtre d'opération terroriste ? Dans un cas, on évoque ici 190 euros, là 2.835 euros, dans l'autre des centaines de milliers d'euros, voire même un budget mensuel de 200.000 dollars.

Le financement du terrorisme.

Dans l'affaire de la filière djihadiste de Lunel, le Tribunal correctionnel de Paris a relaxé celui qui s'était contenté d'accompagner à l'aéroport sa belle-sœur repartant en Syrie tout en lui transmettant une collecte de 190 euros[1]. À l'inverse, deux ans de prison ferme ont été prononcés contre une mère de famille en septembre 2017 pour avoir envoyé 2.835 euros à son fils – radicalisé – qui s'en est ensuite servi pour rejoindre la zone irako-syrienne où il est décédé. En défense, elle dira ignorer la destination finale de son fils et a fait appel de la condamnation[2].

C'est au demeurant par le biais du circuit court mis en place en 2017[3] par le tribunal correctionnel de Paris – pour les délits terroristes de « basse intensité »[4] – que cette dernière a été jugée. C'est donc à la 16e chambre correctionnelle de poser une jurisprudence sur cette délicate question qui risque d'envoyer de nombreux autres parents de djihadistes français sur le banc des accusés. De fait, selon

---

[1] Jugement rendu le 13 avril 2018.

[2] Nathalie HADDADI a été jugée le 5 septembre 2017 par le Tribunal correctionnel de Paris. Elle sera rejugée en appel les 24 et 25 octobre 2018.

[3] La première audience a eu lieu le 7 février 2017 au palais de justice de Paris (16e *bis* chambre correctionnelle).

[4] Il en va ainsi – au départ de l'expérience – pour des « petits » dossiers d'apologie du terrorisme ou de consultation habituelle de sites djihadistes, qui ne passent plus par un juge d'instruction et sont directement présentés devant une chambre spécialisée. Au fil du temps, les derniers dossiers traités concernaient essentiellement le financement du terrorisme simple.

l'article 421-2-2 du code pénal, constitue « un acte de terrorisme le fait de financer une entreprise terroriste en fournissant, en réunissant ou en gérant des fonds, des valeurs ou des biens quelconques ».

De l'autre côté de l'échiquier et pour la même incrimination, point de circuit court. Aujourd'hui, l'entreprise Lafarge – un cimentier français – est accusée d'avoir financé le terrorisme suite à une plainte déposée par l'ONG Sherpa. En 2013, l'État islamique devenait en effet incontournable en Syrie, or l'entreprise Lafarge n'y fermera ses portes qu'en septembre 2014. Elle est donc restée sur place contrairement à d'autres multinationales[5]. Toute la question sera de savoir à quel prix ? Des sommes faramineuses sont évoquées et une instruction est en cours[6].

La question – sensible – du financement du terrorisme s'avère donc protéiforme, d'où les difficultés auxquelles se heurtent les autorités de poursuite. Tout aussi dérangeante apparaît être la question du terrorisme *low-cost* aujourd'hui : point n'est besoin de beaucoup d'argent pour – en solitaire – faire un maximum de dégâts avec une camionnette ou une arme de guerre. La plupart du temps, le coût de l'organisation d'une attaque ne dépasse pas 10.000 dollars. Dans le même temps, les groupes terroristes se comportent comme des organisations, supportant *de facto* un coût de fonctionnement. Autrement dit, si le terrorisme est *low cost*, il convient aussi de traiter du financement des organisations. Le procureur de Paris a révélé ainsi qu'un travail de coordination avec les services de renseignements financiers avait permis d'identifier en France 416 donateurs de l'État islamique ces deux dernières années, « ce qui est beaucoup »[7].

Organisée au siège de l'OCDE, la conférence de Paris a réuni le 26 avril 2018 près de 500 experts et 80 ministres de 72 pays qui ont planché sur le financement du terrorisme international et plus particulièrement celui du groupe État islamique et d'Al-Qaïda. Au terme de cette journée, le président Emmanuel Macron y a déclaré : « nos ennemis s'infiltrent au cœur de nos sociétés. Ils utilisent toutes

---

[5] Par exemple, le pétrolier Total.

[6] Les premières mises en examen ont été prononcées le 2 décembre 2017, concernant trois cadres du groupe. Puis deux nouvelles mises en examen ont eu lieu le 8 décembre 2017 pour deux dirigeants dont notamment l'ancien PDG du cimentier français de 2007 à 2015. L'ONG Sherpa – à l'origine de la plainte – réclame depuis l'audition de Laurent FABIUS, ministre des Affaires étrangères de mai 2012 à février 2016. De fait, les responsables du groupe Lafarge ont déclaré aux enquêteurs avoir été en relation régulière entre 2011 et 2014 avec les autorités françaises, qui auraient donné leur aval pour le maintien de l'entreprise en Syrie.

[7] François MOLINS, avril 2018, interview dans les colonnes du journal *Le Parisien*.

les formes contemporaines de financement. Il nous faut franchir une nouvelle étape dans la lutte contre Daech et Al-Qaïda. [...] Il nous faut assécher le terrorisme à la racine : il se nourrit des trafics d'êtres humains, de drogues ou d'armes. Il y a toujours un sous-jacent économique. Pour être efficace, nous devons prendre l'engagement de la transparence et de la mobilisation». Il s'est ensuite félicité d'avoir achevé « l'agenda de Paris » par une liste d'engagements forts : « le partage de renseignements, la lutte contre l'anonymat des transactions, l'identification des sources de financement, l'anticipation du détournement des nouveaux instruments financiers, l'engagement collectif vis-à-vis des pays vulnérables ou défaillants ». Une prochaine réunion a été prévue en Australie en 2019 pour avancer concrètement sur ce fameux « agenda de Paris ».

Si un consensus se fait ainsi jour quant à la nécessité de lutter contre le terrorisme, notamment par le biais d'un assèchement financier, force est de constater qu'elle impliquera également des contraintes de plus en plus importantes pour les différents acteurs économiques, qui n'ont pas pour cœur de métier d'être des auxiliaires de justice.

Autant de questions méritant une journée d'étude réunissant universitaires français et belges, mais également praticiens et politiques, sur une thématique riche et féconde, en prise directe avec l'actualité.

**20 avril 2018**

# Le terrorisme et son financement : une analyse de terrain

**Raphaël MALAGNINI**

*Magistrat fédéral, Parquet fédéral de Belgique*

## Introduction

La lutte contre le financement du terrorisme fut sinon initiée, à tout le moins sérieusement renforcée à la suite des attentats du 11 septembre 2001, le président Bush évoquant à cette époque la mise en place d'un *jihad* financier. Le Conseil de sécurité des Nations unies précise, dès le 28 septembre 2001[1], que les États doivent prendre toutes les mesures afin de lutter contre le financement du terrorisme. Les États doivent, à cette fin, prévenir et réprimer le financement du terrorisme, ériger en infraction le financement du terrorisme et procéder au gel des avoirs. Les principes retenus pour assurer la lutte contre le financement du terrorisme nous paraissent avoir été élaborés en partant du postulat selon lequel les organisations terroristes auraient besoin de sommes très conséquentes afin d'exécuter des attentats et utiliseraient les circuits bancaires classiques afin de faire circuler les fonds. Les attentats récents ont pourtant démontré que des actions particulièrement meurtrières peuvent être entreprises pour un coût limité voire nul dans certains cas.

Dans une chronique de criminologie parue en 2003, Michaël DANTINNE et Vincent SERON relevaient l'asymétrie entre les besoins financiers nécessaires à l'exécution d'attentats et les conséquences financières causées aux communautés visées par ces attentats[2]. Ils exposaient ainsi que les attentats du 11 septembre avaient coûté à leurs auteurs entre 200.000 et 500.000 dollars alors que le coût pour les États-Unis aurait été chiffré à quelques 1.000 milliards de dollars[3]. Ces auteurs relevaient également que le principe selon lequel le

[1] Résolution n° 1373 (2001) du Conseil de sécurité des Nations unies adoptée en date du 28 septembre 2001.

[2] M. DANTINNE, V. SERON, « Chronique de criminologie. Financement du terrorisme », *R.D.P.C.*, 2003, n° 6, p. 840-875.

[3] https://lexpansion.lexpress.fr/actualite-economique/le-vrai-cout-du-11-septembre-pour-les-etats-unis_1420099.html

terrorisme n'aurait pas besoin d'argent serait un mythe, exposant que les organisations terroristes ont besoin de se financer moins pour couvrir les coûts liés à la commission d'actes terroristes proprement dits mais bien pour financer les besoins organisationnels parmi lesquels ces auteurs relèvent notamment la rémunération des membres de l'organisation terroriste ou encore la diffusion de propagande[4].

Les actions de surveillance du système bancaire et de gel des avoirs nous paraissent avoir montré leurs limites. Ainsi dans un article de juillet 2017, Peter NEUMANN relève qu'en 2015, le seul groupe terroriste État islamique était à la tête d'un budget de 1,7 milliard de dollars en faisant le groupe terroriste le plus riche au monde alors qu'en 2015, le montant des avoirs gelés attribués à l'ensemble des organisations terroristes de la planète était inférieur à 60 millions de dollars[5]. Selon cet auteur, il est vain d'espérer stopper le financement du terrorisme par le biais de la surveillance du système financier dans la mesure où les organisations terroristes n'utilisent pas le circuit bancaire traditionnel. L'auteur expose même que cette surveillance accrue du système bancaire conduit certaines banques à refuser le transfert de fonds vers un pays qualifié à risques. Il cite l'exemple de la Somalie alors que 40 % de la population dépendrait de transferts d'argent venant de l'étranger. Il paraît d'autant plus vain de surveiller le système bancaire et de procéder au gel des avoirs que la source du financement d'une organisation terroriste telle que l'État islamique provient principalement des territoires qu'elle contrôle par le biais de la confiscation des biens des habitants ou d'exploitation des ressources naturelles du territoire contrôlé. Dans la mesure où cette organisation terroriste s'est constituée en quasi-État dans les territoires qu'elle contrôlait alors, ses dépenses ont considérablement augmenté. On pense au paiement des enseignants, des soldats et plus généralement de toute la bureaucratie consécutive au développement d'un quasi-État. Cette forme de financement de l'organisation terroriste État islamique échappe très largement, sinon totalement, au regard des autorités judiciaires belges. Elle n'a pu être entravée qu'au moyen des mesures d'embargo décidées au niveau international et d'opérations militaires. Peter NEUMANN illustre son propos en citant l'exemple d'un bombardement américain qui, en janvier 2016, aurait

[4] Certains dossiers instruits en Belgique ont par exemple révélé que l'organisation kurde P.K.K. consacrerait environ 80 % de ses ressources à la diffusion de son idéologie.

[5] P. N NEUMANN, "Don't follow the money, the problem with the war on terrorist financing", *Foreign Affairs*, vol. 96, n° 4.

détruit un entrepôt abritant des dizaines de millions de dollars en cash détenu par l'État islamique.

Du point de vue du financement des attentats perpétrés en Europe, on constate que le budget est extrêmement modeste. Dans une étude de janvier 2015, Émilie OFTEDAL indique que dans la très large majorité des cas, le budget consacré aux actions violentes est inférieur à 10.000 dollars[6]. Cette étude porte sur 40 cellules terroristes ayant perpétré des attentats, sur le sol européen, entre 1994 et 2013. Les sources de financement des terroristes proviennent très largement de leurs ressources personnelles (58 % selon cette même étude). Seule une cellule sur quatre aurait reçu l'aide financière de l'organisation terroriste dont elle se revendiquait. Les auteurs des attentats procèdent dès lors par autofinancement ce qui, dans une perspective de détection des projets d'attentats, rend très largement inopérantes les mesures de lutte contre le financement du terrorisme.

Les récents attentats perpétrés en Europe confirment la faiblesse des moyens financiers nécessaires. Selon certaines estimations, les attentats de Paris du 13 novembre 2015 auraient nécessité une somme de l'ordre de 82.000 euros[7]. Dans certains cas, les sommes sont encore largement inférieures. L'attentat de Nice du 14 juillet 2016, causant la mort de 86 personnes, semble avoir pu être exécuté pour un montant limité à la location du camion utilisé par l'auteur. L'attentat de Berlin du mois de décembre 2016, exécuté selon un mode opératoire similaire et causant 12 morts, présente lui un coût quasiment nul puisque l'auteur a volé le camion utilisé. En Belgique, l'attentat de Charleroi du 6 août 2016, blessant gravement deux policières, est exécuté pour un coût nul dans la mesure où l'auteur s'est servi d'un couteau normalement utilisé pour égorger le mouton lors de la fête de l'Aïd. De même, la tentative d'attentat à la gare de Bruxelles centrale du 20 juin 2017 fut réalisée pour une somme de quelques centaines d'euros permettant à son auteur d'acquérir une valise, des bouteilles de gaz et des boulons. L'auteur de cet attentat a, très probablement, trouvé le mode d'emploi pour la confection de son engin explosif sur internet.

---

[6] E. OFTEDAL, "The financing of jihadi terrorist cells in Europe", *Norvegian Defence Research Establishment (F.F.I.)*, 6 janvier 2015, https://www.ffi.no/no/Rapporter/14-02234.pdf

[7] J.-C. BRISARD, G. POIROT, « Le financement des attentats de Paris (7-9 janvier et 13 novembre 2015) », *C.A.T.*, octobre 2016, http://cat-int.org/wp-content/uploads/2017/03/Financement-des-attentats-2015-VF.pdf

Ces quelques éléments amènent à conclure que si les mesures généralement utilisées dans la lutte contre le financement du terrorisme présentent un intérêt certain, elles sont totalement insuffisantes pour prévenir les actions terroristes. Au travers de deux exemples, nous reviendrons sur l'intérêt pratique des diverses mesures de surveillance de circulation des capitaux. Il semble illusoire de penser que la surveillance des circuits bancaires classiques permettrait de prévenir la commission d'attentats terroristes. Dans la lutte contre le terrorisme, l'approche par le financement permet d'obtenir certains résultats dans l'approche du phénomène des ressortissants belges partis rejoindre les rangs de l'État islamique en zone syro-irakienne. L'approche par le financement permet également d'obtenir de multiples informations dans des dossiers dits réactifs.

## Deux exemples illustrant l'utilité du dispositif légal de lutte contre le financement du terrorisme

Parmi les mesures législatives permettant de lutter contre le financement du terrorisme, nous identifions, outre le gel des avoirs, la législation anti-blanchiment des capitaux ainsi que la limitation de l'utilisation du cash. Nous identifions également l'interdiction générale de contribuer au financement d'un groupe terroriste déposée à l'article 140 du Code pénal de même que l'interdiction de contribuer au financement d'un terroriste individuel déposée à l'article 141 du Code pénal.

Le Tribunal correctionnel de Bruxelles fut ainsi amené à connaître de l'hypothèse suivante[8]. Deux sujets libanais passent les contrôles à l'aéroport de Zaventem (Bruxelles). Suite à une information émanant de France, les douanes procèdent au contrôle approfondi de leurs bagages dans lesquels on découvre une somme légèrement supérieure à 1.000.000 d'euros. Ils resteront dans l'incapacité de justifier de l'origine licite des fonds en leur possession. Le dossier ne permettra pas d'établir un lien avec un groupe terroriste. Toutefois, la législation anti-blanchiment des capitaux[9] et le règlement européen relatif au contrôle de l'argent liquide entrant ou sortant de la Communauté[10] permettront d'asseoir la condamnation des deux prévenus ainsi que la confiscation des sommes d'argent. L'Arrêté royal du 5 octobre 2006 pris en exécution de cette réglementation européenne contient, dans

---

[8] Corr. Bruxelles (52e ch.), 21 mars 2013, *R.G.* 002118.

[9] C. pén., art. 505, al. 1er, 3° et 4°.

[10] Règlement n° 1889/2005 du Parlement européen et du Conseil du 26 octobre 2005 relatif aux contrôles de l'argent liquide entrant ou sortant de la Communauté.

son rapport au Roi, une référence directe à la lutte contre le financement du terrorisme[11].

Un autre exemple illustre encore l'utilité du dispositif normatif actuel. En novembre 2012, les services belges de renseignement avertissent les autorités judiciaires de ce que deux individus seraient occupés à la collecte de fonds au profit de l'organisation kurde P.K.K. L'enquête aboutira à des perquisitions permettant la saisie d'une somme en liquide supérieure à 300.000 euros. Les intéressés font actuellement l'objet de poursuites du chef de financement du terrorisme (art. 140 du Code pénal). Ils sont suspectés de s'être livrés à ce qu'on appelle la Kampanya soit la collecte d'une sorte d'impôt frappant l'ensemble des personnes membres de la diaspora kurde qui sont amenées, plus ou moins volontairement, à verser, selon certaines estimations, jusqu'à 10 % de leurs revenus annuels. En droit belge, il existe actuellement une controverse sur la question de savoir si l'organisation P.K.K. doit être qualifiée ou non d'organisation terroriste. La condamnation sur le fondement de l'article 140 du Code pénal sera donc débattue. Ici aussi, le dispositif anti-blanchiment de capitaux pourrait permettre d'asseoir la condamnation des prévenus. À ce stade, les sommes sont actuellement dans les mains de la justice.

## La lutte contre le financement des *foreign terrorist fighters* (F.T.F.)

L'État islamique a indéniablement attiré de nombreux citoyens belges qui ont rejoint les territoires contrôlés par cette organisation. On estime à plus de 400 le nombre de résidents belges qui ont rejoint la zone syro-irakienne au cours des dernières années. Bon nombre de ces personnes qualifiées de F.T.F. ont financé leur voyage au moyen de leurs ressources personnelles souvent issues d'allocations sociales. Très rapidement, il a été remarqué que ces personnes continuaient à percevoir leurs allocations sociales alors qu'elles ne résidaient plus sur le territoire belge. Un premier aspect de la lutte contre le financement de membres d'une organisation terroriste a donc été de stopper le plus rapidement possible le paiement de ces allocations.

Bien que l'État islamique paraisse avoir rémunéré ses combattants, les pertes territoriales et les diverses mesures d'embargo ont, probablement, permis d'assécher les ressources financières de l'organisation. Les combattants belges ont alors fait appel à la

[11] Arrêté royal du 5 octobre 2006 portant certaines mesures relatives au contrôle du transport transfrontalier d'argent liquide, *M.B.*, 27 octobre 2006.

solidarité familiale et sollicité l'envoi de fonds à partir de la Belgique afin d'assurer leur subsistance sur place. Ces envois étaient également réalisés dans le but de faire parvenir les allocations sociales qui auraient été versées sur le compte du F.T.F. après son départ.

Ainsi qu'il a été dit, les moyens classiques de lutte contre le financement de groupes terroristes apparaissent relativement inefficaces pour ce qui concerne l'organisation terroriste État islamique. Par contre, la surveillance des flux financiers de la Belgique vers les F.T.F. permet de lutter contre le financement des combattants de cette organisation.

La collaboration entre Europol et les divers services de transfert de fonds a ainsi permis de mettre en lumière les circuits de financement des F.T.F. Ce financement s'opère au moyen de ce qu'on appelle les *syrian wallet*. Schématiquement, une personne présente sur le territoire belge utilise un organisme de transfert de fonds de type Western Union pour envoyer de l'argent à un collecteur de fonds basé en Turquie ou au Liban. Les fonds sont ensuite transférés à leur destinataire final qui est un combattant de l'I.S. présent sur zone. Des auditions menées, il ressort que la personne présente en Belgique est contactée par le F.T.F. qui lui indique à quelle personne il doit envoyer de l'argent. Lorsque le résident belge a envoyé les fonds, il contacte le F.T.F. et lui confirme l'envoi. Ce dernier peut ensuite aller chercher son argent auprès d'un bureau tenu sur zone par l'État islamique. À noter que l'État islamique prélève une commission sur le transfert d'argent. L'envoi de fonds par un résident belge contribue dès lors à la subsistance du F.T.F. mais aussi indirectement au financement de l'organisation terroriste elle-même.

Les collecteurs de fonds agissant pour le compte de l'État islamique ont pu, assez aisément, être identifiés par les organismes de transfert de fonds dans la mesure où ils recevaient soudainement et sans raison particulière de multiples transferts de fonds émanant de personnes sans liens entre elles et de pays différents. Une liste de collecteurs de fonds a donc pu être établie. Chaque autorité judiciaire nationale a ensuite pu examiner quels étaient ses ressortissants qui avaient adressé des fonds aux collecteurs ainsi identifiés[12]. Les envois de ces ressortissants belges ont ensuite été examinés faisant apparaître encore d'autres collecteurs de fonds. Ces analyses ont principalement été effectuées par la Cellule de traitement de l'information financière

[12] L'envoi éventuel d'argent par un collecteur de fonds à destination de la Belgique a également été vérifié mais sans résultat.

(C.T.I.F.). En pratique la C.T.I.F. dénonce les faits au parquet fédéral qui est ensuite chargé d'effectuer l'enquête judiciaire. Les dossiers réactifs peuvent aussi faire apparaître des entités inconnues de la C.T.I.F. pour lesquelles une vérification des mouvements financiers peut s'avérer utile. Dans une telle hypothèse, outre l'enquête effectuée par l'intermédiaire des services de police via réquisitoires bancaires, la C.T.I.F. peut également être activée par le biais d'une dénonciation à celle-ci par l'autorité judiciaire sur le fondement de l'article 79, §3, 2°, de la loi du 18 septembre 2017 relative à la prévention du blanchiment de capitaux et du financement du terrorisme et à la limitation de l'utilisation des espèces.

Au niveau judiciaire, chaque personne qui a adressé des fonds à des collecteurs fait l'objet d'une enquête du chef de participation à l'activité d'un groupe terroriste (art. 140 du Code pénal) dans la mesure où elle est soupçonnée d'avoir, en parfaite connaissance de cause, apporté un soutien financier à un combattant terroriste. De nombreuses enquêtes ont ainsi été initiées.

On relève un premier jugement rendu par le Tribunal correctionnel de Dendermonde le 26 février 2018[13]. Dans cette affaire, la maman d'un combattant de l'État islamique présent dans la zone syro-irakienne est condamnée pour avoir fait adresser de l'argent à son fils (un peu moins de 10.000 euros). La sœur de ce combattant est également condamnée pour avoir fourni une partie des fonds. Le dossier démontre que les fonds ont été expédiés via Western Union à Mersin en Turquie et réceptionnés par un collecteur de fonds. Le tribunal met en évidence le fait que c'est en parfaite connaissance de cause des activités de ce combattant que les prévenues lui ont adressé des fonds qui ont notamment servi à l'achat d'une arme de guerre sur place. Le tribunal affirmera également que le simple fait d'aider une personne à se maintenir au sein de l'organisation terroriste constitue une infraction. Ceci semble vouloir indiquer qu'adresser de l'argent à un combattant terroriste présent en Syrie, ne fut-ce que pour lui permettre de s'acheter de la nourriture, pourrait constituer une infraction de participation à l'activité d'un groupe terroriste au sens de l'article 140 du Code pénal[14]. Les faits reprochés à ces deux prévenues emporteront

---

[13] Corr. Oost-Vlaandenren - afdeling Dendermonde (19e ch.), 26 février 2018, *R.G.*507/18

[14] Nous nous bornons ici à exposer ce que nous pensons devoir déduire du raisonnement du tribunal sans aucune appréciation quant à sa conformité à l'article 140 du Code pénal.

leur condamnation à une peine de 12 mois d'emprisonnement avec sursis pour la maman et à 8 mois pour la sœur du combattant.

Le financement de F.T.F. par des membres de leur famille est une problématique européenne. Il n'est dès lors pas inintéressant de consulter les décisions rendues dans d'autres pays européens. On relève ainsi un jugement du Tribunal de grande instance de Paris rendu le 28 septembre 2017 condamnant la maman d'un combattant à une peine de deux ans d'emprisonnement pour avoir, entre autres, adressé des fonds à son fils présent en Syrie (le jugement ne précise pas les montants)[15]. On relève encore une décision rendue en 2016 par la Cour criminelle centrale de Londres, dans le cadre d'une procédure de « plaider-coupable », condamnant un individu à une peine d'emprisonnement de deux ans et trois mois pour avoir adressé une somme de 219 livres à son neveu dont il connaissait les activités. Aux Pays-Bas, l'envoi d'une somme de 1.000 euros à un combattant emportera la condamnation de l'auteur de l'envoi à une peine de 12 mois d'emprisonnement[16].

## Les enquêtes financières en appui des enquêtes de terrorisme

Si les enquêtes financières paraissent d'un intérêt relativement limité dans la perspective de prévention des attentats terroristes, elles sont par contre d'une grande utilité dans les enquêtes dites réactives.

L'enquête financière couplée à d'autres méthodes d'investigation permet souvent de retracer le parcours d'un sujet. Par exemple, on constate fréquemment que les personnes soupçonnées d'avoir gagné la Syrie ont retiré des fonds avant le passage de la frontière. On constate également que le fait que des membres de la famille d'un combattant terroriste lui envoient des fonds tend à indiquer que celui-ci est toujours en vie. Les analyses financières permettent également de faire apparaître des liens entre des individus non révélés par d'autres méthodes d'investigation. Ainsi a-t-on déjà constaté que des transferts de fonds entre divers individus correspondaient à des achats de faux documents. L'enquête financière est ici utilisée en appui des enquêtes classiques. Ces analyses sont effectuées dans chaque dossier.

[15] T.G.I. Paris (16e ch.), 28 septembre 2017, n° parquet 16225000488.
[16] Tribunal correctionnel de Rotterdam, 18 février 2016, n° parquet 10/960278-14.

## Conclusion

On le voit, les instruments législatifs de lutte contre le financement du terrorisme considérés isolément sont largement insuffisants lorsqu'il s'agit de prévenir la commission d'actions violentes. Ceci résulte principalement du caractère diffus et éclaté de la menace terroriste actuelle. Les cellules terroristes agissent souvent de manière isolée sans contact avec l'organisation dont elles se revendiquent. Il n'existe donc aucun lien de nature financière entre une telle cellule et le groupe terroriste. Hormis la consultation de propagande diffusée par l'organisation terroriste, il n'existe même parfois aucun lien. Les sommes relativement faibles nécessaires à la commission d'attentats rendent encore plus difficiles la détection de projets d'actions violentes au moyen de la lutte contre le financement du terrorisme. Par contre, l'examen des transactions opérées par des personnes identifiées comme membres ou sympathisants d'une organisation terroriste, voire de l'entourage proche de ces personnes, permet de limiter le financement individuel de ces combattants. Les analyses financières effectuées dans les dossiers de terrorisme permettent enfin de reconstituer tantôt le parcours de tel ou tel individu tantôt de faire apparaître des liens entre différentes personnes non révélés par les autres méthodes d'investigation.

**20 avril 2018**

# Le cadre normatif international et européen en matière de financement du terrorisme


**Daniel FLORE**

*Professeur à l'Université de Liège,*
*Directeur général au S.P.F. Justice*

**Christophe DEPREZ**

*Assistant et maître de conférences à l'Université de Liège,*
*Avocat au Barreau de Bruxelles*


## Introduction

La lutte contre le financement du terrorisme constitue l'un des éléments cardinaux du dispositif global, international comme européen, de l'action contre le terrorisme, parce qu'elle est présentée, à tort ou à raison, comme l'une des clés de la prévention des attentats terroristes[1]. La présente contribution, qui introduit cet ouvrage, a pour objectif d'énoncer de manière concise cette question du financement du terrorisme, dans ses différentes composantes. Il s'agira d'ébaucher une cartographie générale et historique des instruments et mesures adoptés par la communauté internationale en la matière.

Ce panorama, qui doit être conçu comme une toile de fond des autres contributions de ce volume, se déclinera en deux temps. Dans un premier temps, nous reviendrons sur la genèse de l'incrimination pénale du financement du terrorisme, et sur ses différentes manifestations dans l'ordre normatif international (1.). Dans un deuxième temps, nous mettrons en lumière quelques mécanismes d'action concrets en matière de lutte contre le financement du terrorisme (2.).

Si certaines spécificités distinguent les ordres international et européen, le traitement réservé au phénomène du financement du terrorisme au sein de l'une et l'autre sphère révèle, pour l'essentiel,

---

[1] En ce sens, voy. V. NGUYEN, "Stop the Money, Stop the Attacks : A Categorical Approach to Achieving an International Terrorist Financing Sanction Regime", *Penn State Journal of Law & International Affairs*, 2012, vol. 1, pp. 257-258.

des parallélismes évidents. C'est ce qui explique l'approche essentiellement transversale favorisée dans la présente contribution.

Précisons enfin que, dans le cadre restreint de ce panorama introductif, seuls le contexte normatif et l'action pertinente de l'Organisation des Nations unies (« ONU »), de l'Union européenne (« UE ») et du Groupe d'action financière (« GAFI »), seront véritablement approchés. Les mécanismes et instruments propres à d'autres sphères régionales, telles que le Conseil de l'Europe, ne seront évoqués que de manière incidente.

## 1. La genèse de l'incrimination du financement du terrorisme

La question du financement du terrorisme – et de l'incrimination dont ce financement pourrait ou devrait faire l'objet – a d'abord éveillé l'attention de la communauté internationale au sein de l'ONU (1.1.), avant de percoler ensuite vers l'UE (1.2.).

### 1.1. La sphère des Nations unies

Le point de départ du processus d'incrimination du financement du terrorisme au sein de l'ONU remonte à l'adoption, le 9 décembre 1999, de la Convention internationale pour la répression du financement du terrorisme (« la Convention de 1999 »).

Celle-ci s'inscrit dans la ligne des efforts – multiples et fragmentés – des Nations unies en matière de lutte contre le terrorisme, initiés pour l'essentiel au début des années 1960. À défaut de parvenir à aborder cette problématique dans une perspective frontale et globale, l'ONU a en effet favorisé une approche segmentée, ou « thématique ». Au moment de l'adoption de la Convention de 1999 pour la répression du financement du terrorisme, cette approche avait déjà vu l'adoption de onze instruments conventionnels successifs, chacun destiné à encadrer un volet spécifique de l'effort antiterroriste global[2].

En 1972, à travers sa résolution 3034 (XXVII)[3], l'Assemblée générale des Nations unies avait institué un premier comité spécial ("*ad hoc committee*") sur le terrorisme international, destiné à consulter les États et à formuler des recommandations « pour l'élimination rapide du problème »[4]. Ce premier comité fut remplacé par un second suite à l'adoption, par l'Assemblée générale, de la résolution 50/53 du 29 janvier 1996[5]. C'est sous l'impulsion de ce (nouveau) comité spécial – et à l'initiative de la France qui déposa le premier projet de texte[6] – que fut adoptée, le 9 décembre 1999, la Convention internationale pour la répression du financement du terrorisme. Celle-ci entra en vigueur le 10 avril 2002 (suite au dépôt du 22e instrument de ratification) et compte aujourd'hui 188 États parties[7].

Cette Convention propose la première incrimination du financement du terrorisme sur le plan international. Son article 2, paragraphe 1er, indique que « [c]ommet une infraction […] toute personne qui, par quelque moyen que ce soit, directement ou indirectement, illicitement et délibérément, fournit ou réunit des fonds dans l'intention de les voir

---

[2] Convention relative aux infractions et à certains autres actes survenant à bord des aéronefs (Tokyo, 14 septembre 1963) ; Convention pour la répression de la capture illicite d'aéronefs (La Haye, 16 décembre 1970) ; Convention pour la répression d'actes illicites dirigés contre la sécurité de l'aviation civile (Montréal, 23 septembre 1971) ; Convention sur la prévention et la répression des infractions contre les personnes jouissant d'une protection internationale, y compris les agents diplomatiques (New York, 14 décembre 1973) ; Convention sur la protection physique des matières nucléaires (Vienne, 26 octobre 1979) ; Convention internationale contre la prise d'otages (New York, 17 décembre 1979) ; Protocole pour la répression des actes illicites de violence dans les aéroports servant à l'aviation internationale, complémentaire à la Convention du 23 septembre 1971 (Montréal, 24 février 1988) ; Convention pour la répression d'actes illicites contre la sécurité de la navigation maritime (Rome, 10 mars 1988) ; Protocole à la Convention du 10 mars 1988 pour la répression d'actes illicites contre la sécurité des plates-formes fixes situées sur le plateau continental (Rome, 10 mars 1988) ; Convention sur le marquage des explosifs plastiques et en feuilles aux fins de détection (Montréal, 1er mars 1991) ; Convention internationale pour la répression des attentats terroristes à l'explosif (New York, 15 décembre 1997).

[3] Résolution 3034 (XXVII) du 18 décembre 1972.

[4] *Ibid.*, § 10.

[5] Résolution 50/53 du 29 janvier 1996.

[6] J. GAFNER, *L'incrimination du financement du terrorisme*, Genève/Bâle/Zurich, Schuthess, 2006, p. 58 ; I. BANTEKAS, "Current Developments. The International Law of Terrorist Financing", *American Journal of International Law*, 2003, vol. 97, p. 323.

[7] Au 1er septembre 2018.

utilisés ou en sachant qu'ils seront utilisés, en tout ou partie, en vue de commettre [un acte de terrorisme] ».

De façon indirecte, la Convention propose par ailleurs une définition du phénomène même de terrorisme[8], en précisant, dans son article 2, paragraphe 2, que les actes de terrorisme dont le financement est prohibé sont non seulement ceux qui sont explicitement visés par l'une des onze conventions antérieures, mais aussi, « tout autre acte destiné à tuer ou blesser grièvement un civil, ou toute autre personne qui ne participe pas directement aux hostilités dans une situation de conflit armé, lorsque, par sa nature ou son contexte, cet acte vise à intimider une population ou à contraindre un gouvernement ou une organisation internationale à accomplir ou à s'abstenir d'accomplir un acte quelconque ».

L'article 2, paragraphe 3, de la Convention précise encore que l'infraction de financement est constituée quand bien même les fonds n'auraient pas été effectivement utilisés pour commettre un acte terroriste.

L'incrimination contient trois éléments constitutifs. Premièrement, un élément matériel est exigé, qui prend la forme souple[9] d'un quelconque acte individuel consistant à avoir, d'une manière ou d'une autre, réuni et fourni des fonds. Deuxièmement, un élément moral doit également être rencontré : l'intention, dans le chef de l'intéressé, de voir les fonds utilisés, ou la connaissance de ce qu'ils seront utilisés, en vue de commettre un acte terroriste[10]. C'est donc un dol qui est exigé de l'auteur ; le financement d'actes terroristes par simple négligence ne relève pas du champ d'application de la Convention[11]. Troisièmement et enfin, aucun effet n'est réclamé par la Convention ; il est indifférent que lesdits fonds aient, en définitive, été effectivement utilisés ou non[12].

Ce modèle – dans un premier temps conventionnel – a fait l'objet d'une remarquable montée en puissance avec l'adoption, par le

---

[8] Voy. à cet égard C. JOHNSON, "Introductory Note to the International Convention for the Suppression of the Financing of Terrorism", *International Legal Materials*, 2000, vol. 39, p. 269.

[9] I. BANTEKAS, *op. cit.*, p. 324.

[10] Pour un examen rapproché, voy. R. LAVALLE, "The International Convention for the Suppression of the Financing of Terrorism", *Zeitschrift für ausländisches öffentliches Recht und Völkerrecht*, 2000, vol. 60, pp. 497-500.

[11] E. DAVID, *Éléments de droit pénal international et européen*, 2e éd., Bruxelles, Bruylant, 2018, p. 1329 ; J. GAFNER, *op. cit.*, p. 67.

[12] Voy. à cet égard R. LAVALLE, *op. cit.*, pp. 504-505.

Conseil de sécurité, de la résolution 1373/2001 du 28 septembre 2001[13]. Celle-ci fait suite à l'électrochoc des attentats du 11 septembre 2001, qui ont donné lieu à une réponse politique et normative sans précédent, notamment au sein des Nations unies. Avec cet événement, la communauté internationale a pris conscience de la multiplicité des sources du financement du terrorisme – et, en particulier, de l'existence de canaux privés, complexes et variés[14], trouvant notamment leur source, selon le GAFI, dans les cotisations et frais d'inscription de membres, l'offre de biens et services légaux ou illégaux, des dons, le trafic de stupéfiants, des extorsions, enlèvements ou prises d'otage, ou encore des faits de corruption ou de contrebande[15]. La question du financement du terrorisme a donc, plus que jamais, été propulsée sur le devant de la scène à partir du 11 septembre 2001[16].

C'est dans ce contexte que le Conseil de sécurité a adopté la résolution 1373/2001, procédant de la sorte au basculement de la question du financement du terrorisme, d'un cadre conventionnel, pleinement juridique et volontariste, vers un cadre exécutif et politique fondé sur les pouvoirs contraignants du Conseil de sécurité[17]. À une époque où la Convention de 1999 n'était pas même encore entrée en vigueur[18], un tout premier instrument international est ainsi adopté, qui *impose* à l'ensemble des États membres des Nations unies la mise en œuvre de l'incrimination du financement du terrorisme prévue par la Convention de 1999.

La résolution 1373/2001 porte ainsi l'action du Conseil de sécurité à un niveau résolument nouveau. En n'adoptant pas des mesures à l'égard d'un ou plusieurs États ciblés, mais en « [d]écid[ant] que *tous les États* doivent » agir de la façon qu'il dicte[19], le Conseil de sécurité endosse, avec cette résolution, un véritable pouvoir normatif, ou quasi législatif, qu'on lui connaissait peu jusqu'alors. La résolution

---

[13] S/RES/1373 (2001).

[14] Voy. I. BANTEKAS, *op. cit.*, pp. 316-320.

[15] GAFI, *Rapport sur les typologies du blanchiment de capitaux 2001-2002*, GAFI-XIII, 1er février 2002.

[16] J. GAFNER, *op. cit.*, p. 53.

[17] La résolution 1373 (2001) fut adoptée par le Conseil de sécurité sur la base du chapitre VII de la Charte des Nations unies, et contient l'affirmation du fait que les attaques du 11 septembre 2001 constituent, « comme tout acte de terrorisme international, une *menace à la paix et à la sécurité internationales* » (nos italiques). Les mesures ainsi prises par le Conseil de sécurité sont donc résolument contraignantes en vertu des articles 25 et 48 de la Charte.

[18] Voy. I. BANTEKAS, *op. cit.*, p. 326.

[19] S/RES/1373 (2001), § 1 (nos italiques).

1373/2001 a ainsi tout d'une véritable convention internationale, efficacité en plus, puisqu'elle engage « *ipso facto* tous les États sans avoir besoin ni de négociations prolongées dans le cadre d'une conférence diplomatique, ni de ratification ou d'adhésion de leur part »[20].

Concrètement, la résolution 1373/2001 met en place trois obligations relatives au financement du terrorisme. Premièrement, elle appelle les États à « [p]révenir et réprimer le financement des actes de terrorisme » (§ 1.a). Deuxièmement, dans la ligne directe des articles 2 et 4 de la Convention de 1999, elle commande d'« [é]riger en infraction la fourniture ou la collecte délibérée [...] de fonds que l'on prévoit d'utiliser ou dont on sait qu'ils seront utilisés pour perpétrer des actes de terrorisme » (§ 1.b). Et, troisièmement, elle réclame d'« [i]nterdire [...] de mettre des fonds, avoirs financiers ou ressources économiques ou services financiers ou autres services connexes à la disposition » de personnes qui, d'une manière ou d'une autre, sont ou pourraient être associées à la commission d'actes terroristes. À travers cette résolution, le Conseil de sécurité met encore en place un Comité contre le terrorisme (« CCT ») bénéficiant d'un mandat très général[21], dont la mission est de contrôler la mise en œuvre des dispositions de la résolution[22].

### 1.2. La sphère de l'Union européenne

Pour l'essentiel, les cadres normatifs régionaux en matière de lutte contre le financement du terrorisme sont sensiblement comparables au modèle établi par les Nations unies, que les premiers visent à prolonger ou mettre en œuvre. Les références croisées sont d'ailleurs fréquentes, en témoigne par exemple la Convention n° 198 du Conseil de l'Europe, du 16 mai 2005, relative au blanchiment, au dépistage, à la saisie et à la confiscation des produits du crime et au financement du terrorisme, dont l'article 1-h renvoie purement et simplement, pour la définition de la notion de « financement du terrorisme », à l'article 2 de la Convention des Nations unies de 1999.

---

[20] L. CONDORELLI, « Les attentats du 11 septembre et leurs suites : où va le droit international ? », *Revue générale de droit international public*, 2001, vol. 105, p. 834.
[21] À ce titre, le CCT ne peut être confondu avec les différents comités des sanctions, ayant pour leur part pour mission d'établir des listes spécifiques et de veiller au respect des sanctions imposées aux personnes figurant sur ces listes (voy. *infra*).
[22] S/RES/1373 (2001), §§ 6-7.

L'incrimination du financement du terrorisme a toutefois été envisagée de façon différente au niveau de l'Union européenne – seule sphère régionale qui retiendra ici notre attention.

L'adoption d'une décision-cadre 2002/475 relative à la lutte contre le terrorisme[23], le 13 juin 2002, marque le véritable point de départ européen en la matière.

Cette décision-cadre constitue la mise en œuvre immédiate des objectifs du Traité sur l'UE de l'époque (version d'Amsterdam), dont l'article 31, paragraphe 1, e), prévoyait expressément l'adoption de mesures minimales relatives aux éléments constitutifs des infractions pénales et aux sanctions applicables dans le domaine du terrorisme. Elle s'inscrit également dans le sillon des instruments (déjà évoqués plus tôt) adoptés en la matière au niveau des Nations unies, et peut à ce titre être aussi décrite comme un produit des attentats du 11 septembre 2001[24]. Ce sont, en tout cas, ces attentats qui ont permis une adoption aussi rapide de cet instrument.

La décision-cadre 2002/475 définit la notion de « groupe terroriste », pour la première fois dans le contexte européen, comme toute « association structurée, de plus de deux personnes, établie dans le temps, et agissant de façon concertée en vue de commettre des infractions terroristes » (art. 2, § 1er).

Pour le surplus, la décision-cadre introduit trois groupes d'incriminations, dont les États membres sont tenus de faire en sorte qu'elles « soient passibles de sanctions pénales effectives, proportionnées et dissuasives »[25], à savoir : (i) les infractions terroristes en tant que telles[26] ; (ii) les infractions relatives à la participation à un groupe terroriste[27] ; et (iii) les infractions liées aux activités terroristes[28].

Il était alors entendu que le financement du terrorisme relevait de la deuxième catégorie d'infractions – le financement n'était donc pas conçu, dans le contexte de la décision-cadre de 2002, comme une infraction autonome, mais comme une forme de participation parmi d'autres aux activités d'un groupe terroriste. Le financement n'y est

---

23 Décision-cadre 2002/475/JAI du Conseil du 13 juin 2002.

24 M.-A. BEERNAERT, « La décision-cadre du 13 juin 2002 relative à la lutte contre le terrorisme », *Revue internationale de droit pénal*, 2006, vol. 77, pp. 277-278.

25 Décision-cadre 2002/475/JAI du Conseil du 13 juin 2002, art. 5, § 1er.

26 *Ibid.*, art. 1er.

27 *Ibid.*, art. 2.

28 *Ibid.*, art. 3.

pas moins évoqué de façon explicite en guise d'illustration des formes que pouvait revêtir la « participation » à des activités terroristes *sensu lato*. Aux termes de l'article 2, paragraphe 2, b) de la décision-cadre, doit ainsi être incriminée par les États membres de l'Union, notamment, « la participation aux activités d'un groupe terroriste, y compris en fournissant des informations ou des moyens matériels, *ou par toute forme de financement de ses activités*, en ayant connaissance que cette participation contribuera aux activités criminelles du groupe terroriste »[29].

L'élément matériel de l'infraction visée par la décision-cadre est ainsi relativement large : c'est la participation à n'importe quelle activité du groupe, ainsi que toute forme de financement, qui sont incriminés. Il est entendu que ceci comprend également des activités pouvant relever de l'action sociale, religieuse ou culturelle du groupe, même si celles-ci ne comprennent pas la commission d'infractions en tant que telles[30]. C'est donc l'élément moral qui permet de contenir l'ampleur du filet pénal, en exigeant la connaissance du fait « que cette participation contribuera aux activités criminelles du groupe ». Toutefois, l'intention exigée par la décision-cadre est plus large puisqu'à la différence de ce que prévoit la convention, elle vise seulement une connaissance d'une finalité criminelle au sens large et non la connaissance de la préparation d'un acte spécifiquement terroriste. Pour le reste, contrairement à la Convention des Nations unies de 1999 (voy. *supra*), la décision-cadre ne précise pas s'il est exigé que, pour être répréhensible, l'acte de participation soit nécessairement suivi d'effets – c'est-à-dire, en matière de financement en particulier, que les fonds concernés aient effectivement servi à financer une action terroriste.

Le régime instauré par la décision-cadre de 2002 a été transformé suite à l'adoption, le 15 mars 2017, d'une nouvelle directive relative à la lutte contre le terrorisme[31], dont le délai de transposition expirait le 8 septembre 2018[32].

Si elle conserve une incrimination générique de participation aux activités d'un groupe terroriste, qui inclut la référence au financement[33], la directive 2017/541 érige à présent le financement du

---

[29] Nos italiques.
[30] D. FLORE, *Droit pénal européen. Les enjeux d'une justice pénale européenne*, 2e éd., Bruxelles, Larcier, p. 162.
[31] Directive 2017/541 du Parlement et du Conseil du 15 mars 2017.
[32] *Ibid.*, art. 28, § 1er.
[33] *Ibid.*, art. 4.

terrorisme en tant qu'infraction autonome. L'article 11, paragraphe 1er, de la directive incrimine ainsi « le fait de fournir ou de réunir des fonds, par quelque moyen que ce soit, directement ou indirectement, avec l'intention que ces fonds soient utilisés ou en sachant qu'ils seront utilisés, en tout ou en partie, en vue de commettre l'une des infractions visées aux articles 3 à 10 ou de contribuer à la commission d'une telle infraction ».

L'élément constitutif matériel de cette infraction (révisée) de financement du terrorisme consiste ainsi, de façon très générale, à fournir ou réunir des fonds.

L'élément intentionnel est naturellement beaucoup plus large que celui prévu par la Convention de 1999, puisqu'il vise la connaissance de la contribution à n'importe quelle infraction entrant dans le champ terroriste : infractions terroristes, participation au groupe terroriste, provocation publique à commettre une infraction terroriste, recrutement pour le terrorisme, fait de dispenser ou de recevoir un entraînement pour le terrorisme, voyage à des fins de terrorisme, organisation ou facilitation d'un tel voyage. S'il s'agit d'infractions terroristes, de participation au groupe terroriste ou de voyage à des fins terroristes (infractions respectivement visées aux articles 3, 4 et 9 de la directive), il n'est en outre pas nécessaire « que l'auteur de l'infraction sache pour quelle infraction ou quelles infractions spécifiques les fonds seront utilisés » (art. 11, § 2). À la lumière de cette évolution, la mention du financement comme forme de participation devient surabondante puisqu'avec la nouvelle infraction, il n'est plus nécessaire d'établir la participation au groupe terroriste pour poursuivre une personne pour financement, avec une intention tout à fait générale.

Enfin, en ce qui concerne le troisième élément constitutif de l'infraction (l'effet), la directive règle aussi la question à l'article 11, paragraphe 2, en précisant que lorsqu'un acte terroriste, la participation aux activités d'un groupe terroriste, ou le voyage à des fins terroristes sont concernés, « il n'est pas nécessaire que les fonds soient effectivement utilisés ». *A contrario*, le financement non suivi d'effets n'est pas incriminé s'il porte sur d'autres infractions, telles que la provocation à commettre un acte terroriste (art. 5), le recrutement (art. 6), ou encore la mise en place d'un entraînement (art. 7).

## 2. Les mécanismes d'action contre le financement du terrorisme

Le processus international et européen de lutte contre le financement du terrorisme ne se résume pas à une incrimination spécifique. Une série de mesures ont été mises en place par la communauté internationale pour faire face au phénomène. Nous proposerons de dresser ici un premier panorama général de ces différents mécanismes d'action concrets, en centrant successivement l'aperçu sur la question du gel des avoirs (2.1.), la détection du financement du terrorisme (2.2.), puis quelques aspects choisis relevant du champ de la coopération judiciaire internationale (2.3.).

### 2.1. Le gel des avoirs

Dans sa conception initiale, le gel des avoirs – thématique faisant l'objet d'un éclairage plus avancé dans une autre contribution du présent ouvrage[34] – était envisagé comme un mécanisme relevant pleinement du droit international public, c'est-à-dire des relations juridiques entre États. Il était ainsi recouru à un gel des avoirs, parmi bien d'autres mesures de sanction envisageables dans le cadre du chapitre VII de la Charte des Nations unies, en guise d'arme diplomatique et administrative à l'encontre de régimes politiques tenus pour non démocratiques. C'est ainsi, par exemple, qu'à travers la résolution 1970 (2011)[35], le Conseil de sécurité de l'ONU a entendu sanctionner le régime du colonel Mouammar Kadhafi – notamment en gelant les avoirs d'une série de personnes jugées proches ou complices de ce régime[36] – suite à la répression meurtrière du soulèvement populaire en Libye.

Outil de politique internationale au départ, le mécanisme du gel des avoirs a toutefois fait l'objet d'une mobilisation dans des contextes de plus en plus éloignés de cette finalité initiale, de sorte que l'on peut aujourd'hui y voir un véritablement instrument de prévention, voire de répression, *pénale*.

L'origine de ce glissement progressif remonte à la résolution 1267 (1999) du Conseil de sécurité[37], ciblant les Taliban. L'adoption de cette résolution s'inscrit dans le contexte des attentats à la bombe commis le 7 août 1999 contre les ambassades américaines à Nairobi

---

[34] Voy. *infra* le texte de J.-B. THIERRY.
[35] Résolution S/RES/1970 (2011) du 26 février 2011.
[36] *Ibid.*, §§ 17-21.
[37] Résolution S/RES/1267 (1999) du 15 octobre 1999.

(Kenya) et à Der es Salaam (Tanzanie). Ces attaques ont été attribuées à Al-Qaïda et à Oussama ben Laden, lié à et hébergé en Afghanistan par le régime taliban, dont la demande d'extradition formulée par les États-Unis est demeurée sans effet.

C'est dans ce cadre que le Conseil de sécurité constata, après une première série de résolutions, « que les Taliban continuent de donner refuge à Usama bin Laden et [...] de se servir de l'Afghanistan comme base pour mener des opérations terroristes internationales »[38], et adopta la résolution 1267 (1999). Cette résolution met en place une série de mesures restrictives, parmi lesquelles figure, pour ce qui concerne directement la présente contribution, le gel des « fonds et autres ressources financières » appartenant, bénéficiant, contrôlés, ou liés de quelque manière que ce soit, aux Taliban[39]. Le Conseil de sécurité décida encore de mettre en place un comité des sanctions *ad hoc* chargé de veiller à la bonne application de la résolution et des sanctions ainsi prononcées[40].

Si les Taliban peuvent être décrits comme un régime politique et se revendiquaient comme tels, le glissement d'un mécanisme international et public de gel vers un outil destiné à cibler la criminalité dans la sphère non étatique apparaît plus manifestement[41] avec l'adoption de la résolution 1333 (2000)[42], en application de laquelle un régime de sanctions – et notamment, un gel des avoirs[43] – fut mis en place, de façon conjointe, à l'encontre des Taliban et d'Al-Qaïda.

Le processus d'infléchissement sera parachevé par la scission, en 2011, des deux listes de destinataires des gels et autres sanctions : les Taliban et « individus, groupes, entreprises et entités associés », d'une part, à présent couverts par la résolution 1988 (2011)[44], et le réseau Al-Qaïda « et autres personnes, groupes, entreprises et entités qui lui sont associés », d'autre part, visés par la résolution 1989/2011[45]. Le comité des sanctions d'origine, institué par la résolution 1267 (1999), conserve alors pour mission de superviser la mise en œuvre des

---

[38] Résolution S/RES/1267 (1999) du 15 octobre 1999, 6e considérant.
[39] *Ibid.*, § 4, b).
[40] *Ibid.*, § 6.
[41] C'est également l'avis de J. GURULE, "The Demise of the U.N. Economic Sanctions Regime to Deprive Terrorists of Funding", *Case Western Reserve Journal of International Law*, 2009, vol. 41, p. 28.
[42] Résolution S/RES/1333 (2000) du 19 décembre 2000.
[43] *Ibid.*, § 8 c).
[44] Résolution S/RES/1988 (2011) du 17 juin 2011.
[45] Résolution S/RES/1989 (2011) du 17 juin 2011.

sanctions décidées à l'encontre des personnes inscrites sur la liste afférente à Al-Qaïda ; en parallèle, un nouveau comité est créé par la résolution 1988 (2011) aux fins d'endosser un rôle identique à l'égard des personnes associées aux Taliban[46].

Dans le cas d'Al-Qaïda et de la résolution 1989/2011, l'on aboutit, avec la consolidation de ce régime de sanctions distinct et autonome, à un mécanisme visant une entité pleinement non étatique, ainsi qu'à un gel des avoirs tenus pour susceptibles de favoriser la criminalité (terroriste), et non plus une politique (dictatoriale).

Par sa résolution 2253 (2015)[47], le Conseil de sécurité a étendu le mécanisme et la liste des sanctions à l'encontre du réseau Al-Qaïda aux « personnes, groupes, entreprises et entités » associés à l'État islamique[48].

Ces régimes de gel des avoirs et autres sanctions – circonstanciels et dont la mise en place est empreinte d'une certaine immédiateté – ont pu être affinés au cours du temps. C'est ainsi que, pour évoquer quelques développements tirés du seul contexte de la liste relative aux sanctions contre Al-Qaïda (ainsi que, dans un second temps, à l'État islamique), certaines exclusions du gel ont été formalisées par la résolution 1452 (2002)[49], au profit de dépenses dites « de base » (consacrées à des vivres, loyers, remboursement de prêts hypothécaires, médicaments, *etc.*) ou, selon une procédure plus restrictive, de dépenses « extraordinaires »[50]. Dans la même veine, un bureau du médiateur a été établi, ayant pour mission d'assister le comité dans le traitement des demandes de radiation des listes[51]. Une équipe d'appui analytique et de surveillance des sanctions (ou, plus communément, « équipe de surveillance ») a par ailleurs été instituée, dans le but de garantir aux procédures un certain degré de transparence et d'équité[52].

Il ne demeure pas moins, à ce jour, une série d'incertitudes et de difficultés quant à l'étendue précise des droits des personnes

[46] Résolution S/RES/1988 (2011), § 30.
[47] Résolution S/RES/2253 (2015) du 17 décembre 2015.
[48] *Ibid.*, §§ 1-2 en particulier.
[49] Résolution S/RES/1452 (2002) du 20 décembre 2002.
[50] *Ibid.*, § 1.
[51] Résolution S/RES/1904 (2009) du 17 décembre 2009, § 20 en particulier.
[52] Résolution S/RES/1526 (2004) du 30 janvier 2004, § 6.

concernées par ces mesures de gel[53]. Sur quelle base inscrit-on des individus ou entités sur la liste ? Dans quelle mesure exacte bénéficient-ils du droit de connaître les motivations à l'origine de ces sanctions à leur égard ? La procédure de radiation est-elle véritablement effective ? Autant de questions qui ne peuvent être raisonnablement abordées dans le cadre de cette contribution introductive, mais présentent assurément la plus haute importance.

Ce mécanisme de gel des avoirs (et d'autres sanctions) issu des Nations unies trouve son prolongement et sa mise en œuvre dans la sphère de l'Union européenne – avec les tensions que l'on sait entre, d'une part, les obligations découlant ainsi d'instruments contraignants des Nations unies, et, d'autre part, l'exigence de respect des droits fondamentaux en tant que principes généraux de l'Union consolidés dans la Charte des droits fondamentaux de l'UE[54].

Le 27 décembre 2001, une position commune a été adoptée, relative à l'application de mesures spécifiques en vue de lutter contre le terrorisme[55]. Celle-ci est entrée en vigueur le jour même[56]. Y est annexée, une liste de personnes et d'entités dont les avoirs doivent être gelés[57]. Cet instrument de coopération entre États membres a été immédiatement complété, le même jour, d'un règlement 2580/2001[58] par lequel l'Union (alors Communauté) a fait formellement sien ce mécanisme de *listing* et décidé de « mettre en œuvre les mesures qui

[53] Voy. de façon générale, au sein d'une littérature foisonnante, L. DUMOULIN, « Droits fondamentaux et mesures antiterroristes : l'exemple du gel des avoirs des présumés terroristes », *in* Fr. COLLART DUTILLEUL et F. RIEM (dir.), *Droits fondamentaux, ordre public et libertés économiques*, Paris, L.G.D.J., 2013, pp. 89-117 ; A. CIAMPI, "Security Council Targeted Sanctions and Human Rights", *in* B. FASSBENDER (dir.), *Securing Human Rights ? Achievements and Challenges of the UN Security Council*, Oxford, Oxford University Press, 2011, pp. 68-139 ; M. HAPPOLD, "Targeted Sanctions and Human Rights", *in* M. HAPPOLD et P. EDEN (dir.), *Economic Sanctions and International Law*, Oxford, Hart Publishing, 2016, pp. 87-111.

[54] Voy., pour un exemple contentieux bien connu, CJCE, *Yassin Abdullah Kadi et Al Barakaat International Foundation c. Conseil et Commission*, affaires jointes C-402/05 et C-415/05, arrêt, 3 septembre 2008 (et, pour un commentaire complet, G. DE BÚRCA, "The European Court of Justice and the International Legal Order After *Kadi*", *Harvard International Law Journal*, 2010, vol. 50, pp. 1-49).

[55] Position commune 2001/931/PESC du Conseil du 27 décembre 2001. Une seconde position commune, de portée plus générale et déclarative, est par ailleurs adoptée le même jour : la position commune 2001/930/PESC du Conseil du 27 décembre 2001 relative à la lutte contre le terrorisme.

[56] Position commune 2001/931/PESC du Conseil du 27 décembre 2001, art. 5.

[57] *Ibid.*, art. 1er et 2 en particulier.

[58] Règlement 2580/2001 du Conseil du 27 décembre 2001 concernant l'adoption de mesures restrictives spécifiques à l'encontre de certaines personnes et entités dans le cadre de la lutte contre le terrorisme.

relèvent de la PESC décrites dans la position commune 2001/931/PESC »[59].

Un même processus normatif sera répliqué, le 27 mai 2002, pour ce qui concerne le réseau Al-Qaïda en particulier. La position commune 2002/402/PESC du 27 mai 2002 est venue affiner[60] les mesures restrictives à l'encontre d'Oussama ben Laden, Al-Qaïda et les Taliban[61], et le règlement 881/2002[62] a été adopté afin d'assurer la mise en œuvre, par l'UE, du régime de sanctions mis en place par cette nouvelle position commune.

Parallèlement à cette voie ambiguë, qui présente un caractère pénal indéniable et concerne la criminalité, tout en conservant les caractéristiques propres d'une approche de droit international public et administratif, l'Union européenne, à la suite du Conseil de l'Europe[63], a adopté une directive 2014/42 concernant le gel et la confiscation des instruments et des produits du crime dans l'Union européenne[64]. Cette directive de rapprochement des droits pénaux matériels établit des règles minimales relatives au gel de biens[65] et aux confiscations en

---

[59] Règlement 2580/2001 du Conseil du 27 décembre 2001 concernant l'adoption de mesures restrictives spécifiques à l'encontre de certaines personnes et entités dans le cadre de la lutte contre le terrorisme, considérant n° 5.

[60] Voy. plus tôt la position commune 1999/727/PESC du Conseil du 15 novembre 1999 relative aux mesures restrictives à l'encontre des Taliban.

[61] Position commune 2002/402/PESC du Conseil du 27 mai 2002 concernant des mesures restrictives à l'encontre d'Oussama ben Laden, des membres de l'organisation Al-Qaïda ainsi que des Taliban et autres personnes, groupes, entreprises et entités associés, et abrogeant les positions communes 96/746/PESC, 1999/727/PESC, 2001/154/PESC et 2001/771/PESC.

[62] Règlement 881/2002 du Conseil du 27 mai 2002 instituant certaines mesures restrictives spécifiques à l'encontre de certaines personnes et entités liées à Oussama ben Laden, au réseau Al-Qaïda et aux Taliban, et abrogeant le règlement n° 467/2001 du Conseil interdisant l'exportation de certaines marchandises et de certains services vers l'Afghanistan, renforçant l'interdiction des vols et étendant le gel des fonds et autres ressources financières décidées à l'encontre des Taliban d'Afghanistan.

[63] Convention du Conseil de l'Europe relative au blanchiment, au dépistage, à la saisie et à la confiscation des produits du crime et au financement du terrorisme (Varsovie, 16 mai 2005).

[64] Directive 2014/42/UE du Parlement européen et du Conseil du 3 avril 2014 concernant le gel et la confiscation des instruments et des produits du crime dans l'Union européenne.

[65] *Ibid.*, art. 7.

matière pénale[66], notamment en lien avec l'infraction de financement du terrorisme[67].

**2.2. La détection du financement du terrorisme**

En amont de la question du gel des avoirs, les mécanismes de prévention de l'utilisation du secteur financier et de détection du financement du terrorisme ont d'emblée été considérés comme essentiels. Pour adopter rapidement des mesures appropriées, la communauté internationale a choisi de s'appuyer sur le travail considérable déjà réalisé par le GAFI. Cette organisation intergouvernementale autonome, dont l'existence n'est pas régie par un traité, a été créée en 1989, à l'occasion du Sommet de l'Arche (réunion du G7 à Paris), en vue de combattre le blanchiment de capitaux[68]. Le blanchiment, principalement lié au trafic illicite de stupéfiants, était en effet perçu, à cette époque, comme une menace alarmante pour l'économie, les institutions financières et le système bancaire dans son ensemble. Historiquement, la création du GAFI répond donc à une préoccupation d'ordre économique, et non sécuritaire. Le GAFI compte aujourd'hui 37 membres : 35 États (dont la France et la Belgique) et deux institutions régionales que sont la Commission européenne et le Conseil de coopération du Golfe[69].

Au mois d'avril 1990, quelques mois à peine après sa création, le GAFI a publié un rapport contenant 40 recommandations destinées à lutter contre le blanchiment de capitaux. Ces recommandations sont non contraignantes mais jouissent d'une importante autorité de fait : elles ont été relayées par divers organismes internationaux[70] et de nombreux États se sont engagés à assurer leur mise en œuvre[71].

En octobre 2001, à la suite des attentats du 11 septembre 2001, le mandat du GAFI a été étendu à la question du financement du terrorisme. L'organisation a alors publié neuf recommandations spéciales consacrées à cette question – une première série de

---

[66] Directive 2014/42/UE du Parlement européen et du Conseil du 3 avril 2014 concernant le gel et la confiscation des instruments et des produits du crime dans l'Union européenne, art. 4 à 6.

[67] *Ibid.*, art. 3 (lu conjointement avec l'art. 20, § 2, de la directive 2017/541 du 15 mars 2017).

[68] Voy. la page http://www.fatf-gafi.org/fr/aproposdugafi/histoiredugafi/ (consultée pour la dernière fois le 1er septembre 2018).

[69] Voy. la page http://www.fatf-gafi.org/fr/aproposdugafi/membresetobservateurs/ (consultée pour la dernière fois le 1er septembre 2018).

[70] I. BANTEKAS, *op. cit.*, p. 327.

[71] J. GAFNER, *op. cit.*, p. 98.

huit recommandations spéciales le 31 octobre 2001, puis une neuvième le 22 octobre 2004.

Le paysage normatif du GAFI a enfin fait l'objet d'une refonte en profondeur en 2012, avec la publication d'une version révisée des 40 recommandations initiales, auxquelles ont été fusionnées les neuf recommandations spéciales sur le financement du terrorisme[72]. En marge de ces 40 recommandations (révisées), qui déclinent le cadre normatif applicable, onze « résultats immédiats » ont encore été dégagés, qui visent à permettre de tester l'efficacité concrète de la mise en œuvre des recommandations par les États membres.

Avec la fusion des anciennes recommandations et recommandations spéciales, les thématiques du blanchiment de capitaux et du financement du terrorisme ont donc été pleinement associées. Par opportunisme ou pragmatisme juridique, l'on a ainsi mobilisé, en matière de financement du terrorisme, les mécanismes mis en place – avec un certain succès – en matière de blanchiment. Le blanchiment de capitaux et le financement du terrorisme correspondent pourtant à des domaines très différents de la criminalité[73], à la fois quant aux objectifs poursuivis (contrairement aux activités terroristes, le blanchiment est essentiellement mû par des fins matérielles), quant à la temporalité (le financement précède l'acte terroriste ; le blanchiment est subséquent à l'infraction primaire), et quant à la nature des fonds concernés (par hypothèse d'origine illicite en ce qui concerne le blanchiment, alors que les fonds destinés à financer le terrorisme ont souvent une origine licite)[74].

Quoi qu'il en soit, le mécanisme ainsi mis en place sous les auspices du GAFI repose sur une série de mesures pouvant être distribuées selon deux catégories principales. D'un côté, des mesures de *prévention générale* sont édictées. C'est à ce titre, par exemple, que les États sont invités à imposer aux institutions financières d'identifier leurs clients, détenteurs d'un compte ou bénéficiaires d'une

---

[72] Le contenu de ces recommandations est disponible depuis la page http://www.fatf-gafi.org/media/fatf/documents/recommendations/Recommandations%20du%20GAFI%202012.pdf (consultée pour la dernière fois le 1er septembre 2018).

[73] Voy. ce qu'écrivent R. ABEYRATNE, "Suppression of the financing of terrorism", *Journal of Transportation Security*, 2011, vol. 4, p. 68 ; J.-M. KOH, *Suppressing Terrorist Financing and Money Laundering*, Berlin, Springer, 2006, pp. 26-28.

[74] Dans cette hypothèse, ils ne deviennent illicites que par destination, c'est-à-dire lorsqu'ils sont affectés ou destinés au terrorisme. Certains auteurs parlent à ce titre de « noircissement d'argent » (voy. ainsi M.-C. DUPUIS-DANON, *Finance criminelle. Comment le crime organisé blanchit l'argent sale*, 2e éd., Paris, PUF, 2004, p. 3).

opération[75], de limiter ou encadrer les transactions en espèces[76], ou encore de procéder à l'enregistrement des opérations et à la conservation des données pendant au moins cinq ans[77]. D'un autre côté, des mesures de *prévention spéciale* – c'est-à-dire, de détection – sont prévues, consistant notamment à imposer aux institutions financières de signaler aux autorités compétentes toute opération suspecte ou inhabituelle[78].

Ces mesures et mécanismes trouveront eux aussi un prolongement au sein de l'Union européenne, d'abord, avec la directive 91/308 relative à la prévention de l'utilisation du système financier aux fins du blanchiment de capitaux[79], telle que modifiée en 2001 par la directive relative à la prévention de l'utilisation du système financier aux fins du blanchiment de capitaux[80]. Suite à l'extension du mandat du GAFI à la question du financement du terrorisme, ce régime initial a été remplacé par la directive 2005/60 relative à la prévention de l'utilisation du système financier aux fins du blanchiment de capitaux et du financement du terrorisme[81], remplacée à son tour, le 20 mai 2015, par la directive 2015/849 portant sur le même sujet[82].

La directive 2015/849, actuellement en vigueur, s'adresse au secteur financier et à certains autres prestataires de services (tels que les avocats). Il leur est imposé, en substance, une obligation de vigilance se déclinant sous diverses formes (dont l'obligation de procéder à l'identification et à la vérification de l'identité de leurs clients)[83], ainsi qu'une obligation de faire état auprès des autorités compétentes

---

[75] Voy. la recommandation n° 10 en particulier.

[76] Voy. les recommandations n$^{os}$ 22, 23 et 29 en particulier.

[77] Voy. la recommandation n° 11 en particulier.

[78] Voy. les recommandations n$^{os}$ 20 et 21 en particulier.

[79] Directive 91/308/CEE du Conseil du 10 juin 1991 relative à la prévention de l'utilisation du système financier aux fins du blanchiment de capitaux.

[80] Directive 2001/97/CE du Parlement européen et du Conseil du 4 décembre 2001 modifiant la directive 91/308/CEE du Conseil relative à la prévention de l'utilisation du système financier aux fins du blanchiment de capitaux.

[81] Directive 2005/60/CE du Parlement européen et du Conseil du 26 octobre 2005 relative à la prévention de l'utilisation du système financier aux fins du blanchiment de capitaux et du financement du terrorisme.

[82] Directive (UE) 2015/849 du Parlement européen et du Conseil du 20 mai 2015 relative à la prévention de l'utilisation du système financier aux fins du blanchiment de capitaux ou du financement du terrorisme, modifiant le règlement (UE) n° 648/2012 du Parlement européen et du Conseil et abrogeant la directive 2005/60/CE du Parlement européen et du Conseil et la directive 2006/70/CE de la Commission.

[83] *Ibid.*, art. 13.

d'éventuels soupçons de blanchiment de capitaux ou de financement du terrorisme[84].

Cette directive vient d'être modifiée par la directive (UE) 2018/843 du 30 mai 2018, qui doit être transposée pour le 10 janvier 2020 et dont l'objectif est d'encore affiner les dispositifs de prévention et de détection mis en place[85].

Enfin, à côté de ces outils de prévention qu'on pourrait appeler aujourd'hui classiques, il y a lieu de mentionner un outil *sui generis* en matière de détection du financement du terrorisme, dont l'origine obscure a été ensuite couverte par un traité. Il s'agit d'un programme américain de surveillance du financement du terrorisme, mis en place secrètement au lendemain du 11 septembre 2001, et appelé *Terrorist Finance Tracking Program* (« TFTP »), destiné à détecter les mouvements financiers suspects par l'accès aux données du plus grand fournisseur mondial de services de messagerie financière sécurisés, SWIFT, qui a dû être légalisé par un accord conclu le 28 juin 2010 entre l'UE et les États-Unis[86]. En application de l'accord passé avec l'UE[87], entré en vigueur le 1er août 2010, les États-Unis jouissent d'un cadre légal pour poursuivre la mise en œuvre de ce programme à l'égard des transactions opérées sur le territoire

---

[84] Directive (UE) 2015/849 du Parlement européen et du Conseil du 20 mai 2015 relative à la prévention de l'utilisation du système financier aux fins du blanchiment de capitaux ou du financement du terrorisme, modifiant le règlement (UE) n° 648/2012 du Parlement européen et du Conseil et abrogeant la directive 2005/60/CE du Parlement européen et du Conseil et la directive 2006/70/CE de la Commission, art. 36 en particulier.

[85] Directive (UE) 2018/843 du Parlement européen et du Conseil du 30 mai 2018 modifiant la directive (UE) 2015/849 relative à la prévention de l'utilisation du système financier aux fins du blanchiment de capitaux ou du financement du terrorisme ainsi que les directives 2009/138/CE et 2013/36/UE, pp. 43-74.

[86] Jusqu'en 2010, SWIFT possédait deux sites miroirs dont un était localisé aux États-Unis. Dans cette situation, les données étaient donc disponibles directement sur le territoire américain et les autorités américaines pouvaient en imposer la transmission à l'opérateur. Celui-ci était cependant confronté à des normes contraires (ce qu'on pourrait appeler « double contrainte ») puisqu'il devait dans le même temps respecter les règles de protection des données applicables dans l'UE, s'agissant de données générées dans l'UE. Pour éviter cette situation, SWIFT a réorganisé son architecture en 2010, en stockant désormais les données européennes uniquement sur le territoire européen. La solution ne pouvait à partir de ce moment venir que d'un traité international. Voy. le premier *Rapport de la Commission sur l'évaluation conjointe de la mise en œuvre de l'accord*, des 17 et 18 février 2011, p. 2.

[87] Accord entre l'Union européenne et les États-Unis d'Amérique sur le traitement et le transfert de données de messagerie financière de l'Union européenne aux États-Unis aux fins du programme de surveillance du financement du terrorisme, *J.O.U.E* du 27 juillet 2010, pp. 5-14.

européen. Le principe en est le suivant (voy. l'art. 4 de l'accord). Dans le cadre de l'action judiciaire contre le terrorisme et le financement du terrorisme, le département américain du Trésor peut adresser un « *production order* » directement au fournisseur de services à propos de données localisées sur le territoire européen[88]. Il le transmet également à Europol, qui est chargé de jouer un rôle de filtre, en vérifiant que la demande respecte bien les conditions de l'accord. Dès lors que c'est le cas, le fournisseur de services est autorisé et obligé, du point du vue du droit européen comme américain, de fournir les données requises, lesquelles permettent d'alimenter le programme. En retour, les services européens (Europol et Eurojust) peuvent formuler des demandes de recherche dans la base de données constituée dans le cadre de ce programme américain[89]. Pour assurer un niveau adéquat de protection des données et autres droits individuels, des contrôleurs indépendants – l'un d'eux étant directement nommé par la Commission européenne – se voient octroyer, sur le territoire américain, un pouvoir d'examen des recherches effectuées, de demander le cas échéant des explications quant à certaines recherches, et de bloquer les recherches qui paraîtraient contraires à la réglementation applicable[90].

### 2.3. La coopération judiciaire internationale

Dans l'ordre normatif international et européen, de nombreux outils de coopération judiciaire en matière pénale existent qui peuvent être utilisés dans le cadre de la lutte contre le financement du terrorisme. On se contentera ici de présenter les principaux traits relatifs à trois outils particulièrement pertinents dans ce domaine.

Un premier outil est celui de la compétence juridictionnelle et consiste dans l'obligation faite aux États d'étendre celle-ci à l'égard de l'infraction de financement du terrorisme. La Convention des Nations unies de 1999 distingue à ce titre des chefs de compétence obligatoires, d'une part, et facultatifs, d'autre part (la Convention précise du reste que les chefs de compétence facultatifs n'excluent l'exercice « d'aucune compétence pénale établie par un État partie

---

[88] Dans un souci d'éviter les transferts de données en masse, l'accord prévoit bien que la demande doit être établie de manière aussi limitée que possible ("*tailored as narrowly as possible*"), en prenant dûment en compte les analyses de risque présentes et passées en matière de terrorisme, en ce qui concerne les types de message, les zones géographiques, les menaces et vulnérabilités identifiées (art. 4.2, c) de l'accord).

[89] *Ibid.*, art. 10.

[90] *Ibid.*, art. 12.

conformément à son droit interne »[91] – c'est donc un jeu de chefs de compétence juridictionnelle minimum qui est consacré par le texte[92]).

Le premier chef obligatoire concerne la *compétence territoriale*. En vertu de l'article 7, paragraphe 1er, de la Convention de 1999, chaque État partie doit rendre ses tribunaux compétents lorsque « [l]'infraction a été commise sur son territoire » ou « à bord d'un navire battant son pavillon ou d'un aéronef immatriculé conformément à sa législation au moment des faits ». Observons que, dans le contexte d'infractions financières se réalisant bien souvent sur le territoire de plusieurs États, la compétence territoriale ainsi visée par la Convention est susceptible de couvrir un large champ géographique, puisqu'il suffit que l'infraction ait été commise *en partie* sur le territoire d'un État pour que sa compétence soit établie[93].

Deuxièmement, l'article 7, paragraphe 1er, de la Convention de 1999 réclame également l'établissement d'une *compétence personnelle active*, c'est-à-dire, propre à rendre l'arsenal judiciaire d'un État compétent lorsque « [l]'infraction a été commise par un de ses nationaux ».

Troisièmement et enfin[94], le paragraphe 4 de l'article 7 édicte une obligation d'établir une compétence juridictionnelle dans l'hypothèse où l'auteur présumé est trouvé sur le territoire et où l'État refuse son extradition vers un État tiers compétent (principe *aut dedere aut judicare*).

L'Union européenne va plus loin avec la directive (UE) 2017/541, dont l'article 19 prévoit, pour toutes les infractions qu'elle vise, donc également pour le financement du terrorisme, outre l'obligation pour chaque État d'établir sa compétence pour les faits commis en tout ou en partie sur son territoire, à bord d'un navire battant son pavillon ou d'un aéronef enregistré sur son territoire, et pour les faits commis par ses ressortissants, comme le faisait la Convention de 1999, une

---

[91] Art. 7, § 6.

[92] Voy. de même, dans la sphère de l'Union européenne, l'art. 19, § 6, de la directive 2017/541 du 15 mars 2017 (préc.).

[93] Ce principe dit de l'« ubiquité » est rendu explicite dans le contexte européen (voy. l'art. 19, § 1er, a), de la directive 2017/541 du 15 mars 2017, préc.).

[94] Au sein de l'Union européenne, s'ajoutent encore à ces chefs de compétence « historiques », issus de la Convention des Nations unies de 1999, l'hypothèse où « l'infraction a été commise contre les institutions ou la population de l'État membre concerné, ou contre une institution, un organe ou un organisme de l'Union ayant son siège dans cet État membre » (art. 19, § 1er, e), de la directive 2017/541 du 15 mars 2017, préc.).

obligation d'établir sa compétence pour les faits commis par ses résidents, ceux commis pour le compte d'une personne morale établie sur son territoire (personnalité active) et ceux commis contre les institutions ou la population de l'État membre concerné, ou contre une institution, un organe ou un organisme de l'Union ayant son siège dans cet État membre (principe de protection). La directive contient également plusieurs chefs de compétence facultatifs sur lesquels il n'est pas nécessaire de nous étendre ici, compte tenu de leur caractère essentiellement déclaratoire.

Le deuxième instrument pertinent est celui de l'entraide judiciaire proprement dite. Différents mécanismes et dispositions ont été mis en place aux fins d'assurer le plus haut degré de coopération entre les États en matière de financement du terrorisme[95]. L'article 12, paragraphe 1er, de la Convention des Nations unies de 1999 énonce de façon expresse que « [l]es États Parties s'accordent l'entraide judiciaire la plus large possible pour toute enquête ou procédure pénale ou procédure d'extradition relative aux infractions [de financement du terrorisme] ».

Au niveau de l'Union européenne, cette entraide judiciaire a encore été facilitée, à un degré bien plus élevé, par l'ensemble des moyens mis en place, dans un premier temps, pour améliorer les mécanismes classiques de l'entraide judiciaire en matière pénale[96], et, dans un second temps, pour les remplacer par des mécanismes d'exécution basés sur le principe de la reconnaissance mutuelle des décisions judiciaires en matière pénale. Ainsi, aujourd'hui, une décision d'enquête européenne peut être émise pour la réalisation de toute enquête touchant au financement du terrorisme, en vertu de la directive 2014/41/UE du 3 avril 2014 concernant la décision d'enquête européenne en matière pénale[97]. Des perquisitions et saisies peuvent être réalisées sur cette base, mais également l'obtention d'informations relatives aux comptes bancaires et autres comptes financiers d'une personne physique ou morale (art. 26), ou relatives aux opérations bancaires et autres opérations financières (art. 27), ou encore l'obtention de preuves en temps réel, de manière continue et au cours d'une période déterminée (art. 28), c'est-à-dire la surveillance

---

[95] Voy. à cet égard R. LAVALLE, *op. cit.*, pp. 508-509.

[96] Convention du 29 mai 2000 relative à l'entraide judiciaire en matière pénale entre les États membres de l'Union européenne et Protocole du 16 octobre 2001 à la Convention relative à l'entraide judiciaire en matière pénale entre les États membres de l'Union européenne (*J.O.U.E* n° 326 du 21/11/2001, pp. 2 à 8).

[97] *J.O.U.E.* L130 du 1er mai 2014, pp. 1 à 36.

discrète des opérations réalisées sur un compte pendant cette période. Cet outil est complété par un autre, le règlement concernant la reconnaissance mutuelle des décisions de gel et de confiscation[98], qui permet l'exécution transfrontière d'un gel conservatoire ou d'une confiscation, à l'encontre des moyens consacrés au financement du terrorisme.

Enfin, le troisième outil central en matière de coopération judiciaire internationale est celui de la remise des personnes suspectées d'avoir commis des infractions relevant du terrorisme. Sur le plan international, ceci renvoie à l'extradition et en particulier à la portée de l'exception politique. Traditionnellement, les traités internationaux relatifs à l'extradition prévoient une clause d'exception à l'extradition en faveur des délits politiques, en vertu de laquelle l'extradition ne peut être accordée si les faits qui sont à la base de la demande sont des infractions politiques ou des faits connexes à une telle infraction[99]. Cette exception a connu une lente érosion sur le plan international, en particulier sur le plan européen suite à l'action du Conseil de l'Europe[100]. En matière de financement du terrorisme[101], toutefois, c'est l'article 14 de la Convention des Nations unies de 1999 qui écarte explicitement et complètement l'application de cette exception (pas uniquement d'ailleurs en lien avec l'extradition, mais avec toute demande d'entraide judiciaire quelle qu'elle soit) : « une demande d'extradition ou d'entraide judiciaire fondée sur une [infraction de financement du terrorisme] ne peut être rejetée pour la seule raison qu'elle concerne une infraction politique, une infraction connexe à une infraction politique, ou une infraction inspirée par des mobiles politiques ».

La Belgique avait émis, lors de sa ratification de la Convention de 1999, une réserve à l'égard de cet article 14, en vertu de laquelle

---

[98] Ce règlement est venu remplacer la décision-cadre 2003/577/JAI du 22 juillet 2003 relative à l'exécution dans l'Union européenne des décisions de gel de biens ou d'éléments de preuve et la décision-cadre 2006/783/JAI du 6 octobre 2006 relative à l'application du principe de reconnaissance mutuelle aux décisions de confiscation.

[99] Voy. déjà, de façon générale, Ch. VAN DEN WIJNGAERT, *The Political Offence Exception to Extradition : The Delicate Problem of Balancing the Rights of the Individual and the International Public Order*, Deventer, Kluwer, 1980, 263 p. ; Y. RODRIGUEZ, « Tendances contradictoires en matière d'infraction politique », *Revue belge de droit international*, 1980, n° 1, pp. 86-89.

[100] Convention pour la répression du terrorisme, du 27 janvier 1977, et Protocole portant amendement à cette convention, du 15 mai 2003.

[101] Pour un commentaire ciblé, antérieur à l'adoption de la Convention des Nations unies de 1999, voy. A. C. PETERSEN, "Extradition and the Political Offense Exception in the Suppression of Terrorism", *Indiana Law Journal*, 1992, vol. 67, pp. 767-796.

« [d]ans des circonstances exceptionnelles, la Belgique se réserve le droit de refuser l'extradition ou l'entraide judiciaire pour toute infraction [de financement du terrorisme] qu'elle considère comme une infraction politique […] »[102]. La Belgique a finalement retiré cette réserve le 28 janvier 2008.

Dans le cadre des relations entre les États membres de l'Union européenne, la situation est encore plus radicale, dans la mesure où l'exception pour infraction politique n'existe pas en vertu de la décision-cadre 2002/584/JAI du 13 juin 2002 relative au mandat d'arrêt européen et aux procédures de remise entre États membres[103]. En outre, pour une série d'infractions contenues dans une liste de 32 infractions, dont le terrorisme (y compris, implicitement, son financement), la remise ne peut être subordonnée au contrôle de la double incrimination des faits par l'État d'exécution, pour autant que ceux-ci soient punissables dans l'État d'émission d'une peine d'au moins trois ans (art. 2, § 2.2, de la décision-cadre). L'État d'exécution n'exercera aucun contrôle sur les faits visés, dès lors qu'il s'agira de terrorisme.

## Conclusion

La présente contribution visait à dresser une cartographie concise des instruments et mesures adoptés dans les sphères internationale et européenne en matière de financement du terrorisme. Au terme de ce panorama général, trois observations conclusives s'imposent.

Premièrement, l'examen révèle, à différents égards, un certain opportunisme normatif des États. L'on perçoit en effet, en matière de financement du terrorisme, un recyclage de certains mécanismes existants et initialement destinés à régir d'autres contextes ou formes de criminalité, soit que la communauté internationale s'inspire de tels mécanismes, soit qu'elle étend purement et simplement leur champ d'action à la question du financement du terrorisme – le gel des avoirs et l'extension du mandat du GAFI au financement du terrorisme constituent, à cet égard, des exemples évidents. Ce constat pose la question (à laquelle nous ne prétendons pas répondre dans le cadre de cette contribution introductive) de l'adaptabilité de tels mécanismes d'action, empruntés à d'autres domaines de la criminalité voire à la

[102] Réserve dont la licéité était contestable du point de vue du droit international, compte tenu de sa contrariété avec l'objet de la Convention.
[103] *J.O.U.E.* L190 du 18 juillet 2002, pp. 1 à 18.

sphère de la politique internationale, au phénomène très particulier, multiforme et complexe qu'est la lutte contre le terrorisme.

De façon plus générale, un écueil paraît difficile à surmonter dans cette matière – il s'agit là de notre deuxième observation conclusive. Peut-on jamais prétendre cerner avec précision le degré d'efficacité, ou d'inefficacité, des mécanismes de lutte contre le financement du terrorisme ainsi mis en place, et dont les résultats sont, pour l'essentiel, tenus secrets ? Des résultats encourageants sont souvent vantés. Ainsi, par exemple, la Commission européenne se félicitait récemment de l'efficacité du *Terrorist Finance Tracking Program*, soulignant notamment que « les informations fournies au titre de l'accord ont contribué à faire avancer certaines enquêtes relatives aux attentats terroristes commis sur le territoire de l'UE »[104]. En définitive, il demeure toutefois malaisé, pour les commentateurs, d'apprécier rigoureusement la plus-value et l'efficacité de mécanismes réclamant par nature un certain degré d'opacité.

Enfin, nous avons décrit un paysage normatif pluriel et fragmenté. Il n'existe toujours pas de convention globale contre le terrorisme à ce jour[105], malgré les négociations en cours depuis plus de vingt ans dans les cénacles des Nations unies. L'on observe plutôt, certainement sur le plan de l'ONU et dans une moindre mesure sur celui de l'Union européenne, des touches et avancées normatives segmentées, conçues pour répondre successivement et de façon circonstancielle à des menaces nouvelles et évolutives. La question du financement du terrorisme, en particulier, s'inscrit dans ce paysage fragmenté.

Dans un tel contexte, la question de la coordination de la lutte contre le terrorisme – et notamment de son financement – s'est longtemps posée. Des mesures ont été prises à ce sujet au cours des dernières années. Au niveau européen, un coordinateur pour la lutte contre le terrorisme a été nommé en mars 2004[106]. Dans la sphère des Nations unies, un bureau de lutte contre le terrorisme a finalement été mis en place par l'Assemblée générale en application de la résolution 71/291

[104] COM(2017) 31.

[105] Voy. à ce sujet, en général, M. HMOUD, "Negotiating the Draft Comprehensive Convention on International Terrorism. Major Bones of Contention", *Journal of International Criminal Justice*, 2006, vol. 4, pp. 1031-1043.

[106] Déclaration sur la lutte contre le terrorisme, adoptée par le Conseil européen le 25 mars 2004, doc. du Conseil du 29 mars, 7906/04. Le premier coordinateur fut Gijs DE VRIES, ancien parlementaire et secrétaire d'État néerlandais. Il a été remplacé en septembre 2007 par un haut fonctionnaire du secrétariat général du Conseil de l'UE de nationalité belge, Gilles DE KERCHOVE, qui exerce encore la fonction au moment de cette publication.

du 15 juin 2017[107], notamment aux fins de coordonner, sous l'autorité d'un Secrétaire général adjoint[108], l'activité des 38 entités onusiennes impliquées[109], d'une manière ou d'une autre, dans la lutte contre le terrorisme. Quoi qu'il en soit, la coordination entre les multiples organisations internationales et régionales impliquées dans la lutte contre le (financement du) terrorisme – dont l'ONU et l'UE – demeure un enjeu majeur.

**Septembre 2018**

[107] A/RES/71/291 du 15 juin 2017.

[108] Vladimir IVANOVICH VORONKOV, ancien ambassadeur de la Fédération de Russie, a été nommé à cette fonction en juin 2017.

[109] Voy. la résolution 71/858 de l'Assemblée générale du 3 avril 2017 (A/71/858), § 64.

# Les incriminations de financement du terrorisme en droit français

**Julie ALIX**

*Professeur à l'Université de Lille,*
*CRDP – ERADP*

Les incriminations de financement du terrorisme ont véritablement émergé en droit pénal français au lendemain des attentats du 11 septembre 2001.

Cette relative nouveauté des incriminations du terrorisme ne signifie pas qu'avant 2001 le financement du terrorisme n'était pas appréhendé par le droit pénal. Au contraire, dès la loi du 9 septembre 1986, « loi inaugurale »[1] en matière terroriste, il était prévu que la législation antiterroriste naissante s'appliquerait non seulement aux actes susceptibles de constituer des *actions terroristes* (meurtres, violences, destructions, séquestrations), mais aussi à quelques actes de *soutien* au terrorisme, parmi lesquels les vols et extorsions – qualifications qui permettaient notamment d'appréhender la pratique de l'impôt révolutionnaire, très largement utilisée par des groupes basques ou corses. Des membres d'Action directe, quant à eux, avaient été renvoyés en cour d'assises pour avoir commis des vols à main armée dans des établissements bancaires qualifiés d'« actions de financement et d'intendance destinées à pourvoir aux besoins matériels de l'organisation »[2].

Mais il est vrai que le terrorisme est traditionnellement présenté comme l'arme du pauvre et dans cette perspective, la dimension financière de la lutte est longtemps restée assez marginale. Ni le code pénal de 1992, ni la loi du 22 juillet 1996 qui est pourtant consacrée à la lutte contre les comportements de soutien au terrorisme (et qui a initié le mouvement de « prévention pénale »[3] du terrorisme), ne s'intéressaient à la question du financement du terrorisme.

---

[11] P. PONCELA, « Les naufragés du droit pénal », *Arch. pol. crim*, 2016, n° 38, p. 7-26.
[2] Cass. crim., 14 mars 1989, *Bull. crim.* 1989, n° 123.
[3] J. ALIX, « La place du droit pénal dans la lutte contre le terrorisme », *in Humanisme et justice. Mélanges en l'honneur de Geneviève Giudicelli-Delage*, Dalloz, 2016, p. 432.

Dans le cadre du processus de ratification de la Convention internationale pour la répression du financement du terrorisme engagé au printemps 2001, une étude d'impact commandée par le Gouvernement avait même conclu qu'« aucune incrimination spécifique ne devra être créée dans le code pénal pour réprimer l'infraction du financement du terrorisme, qui est couverte par le biais de la complicité »[4]. Les incriminations terroristes existantes étaient donc jugées suffisantes, jusqu'aux attentats du 11 septembre 2001. Le rapport mentionnait en effet la complicité – et il est vrai que le financement du terrorisme s'analyse comme une forme d'aide matérielle apportée à la commission d'une infraction – mais les outils préexistants dépassaient largement le mécanisme de la complicité : s'y ajoutaient les vols, les extorsions, la séquestration (lorsqu'elle permet de recevoir une rançon), mais surtout la participation à une association de terroristes dès lors que le financement s'analyse comme une forme de participation à une organisation.

Malgré ce *corpus* répressif qui avait fait la preuve de son efficacité (et peut-être de sa suffisance), la réaction immédiate aux attentats du 11 septembre 2001 a consisté pour le Gouvernement à introduire des amendements à la loi pour la sécurité quotidienne, en cours d'adoption. La loi n° 2001-1062 du 15 novembre 2001 contient finalement un important volet relatif à la lutte contre le financement du terrorisme. En particulier, la liste des incriminations terroristes est complétée. D'une part, le blanchiment de droit commun[5] et les délits d'initié[6] deviennent des comportements susceptibles de recevoir une qualification terroriste sur le fondement de l'article 421-1 du code pénal. D'autre part et surtout, la loi incrimine à titre autonome le financement du terrorisme à l'article 421-2-2 du code pénal. Ces incriminations – que l'on peut qualifier d'opportunistes – avaient, comme l'ensemble des dispositions antiterroristes issues de la loi du

---

[4] *Rapport sur le projet de loi autorisant la ratification de la convention internationale pour la répression du financement du terrorisme*, Sénat, n° 355, 2000-2001, p. 21.
[5] C. pén., art. 324-1.
[6] C. monét. fin., art. L. 465-1.

15 novembre 2001, une durée limitée : elles ont été pérennisées par la loi n° 2003-239 du 18 mars 2003[7].

Pour appréhender l'étendue et les enjeux de la criminalisation du financement du terrorisme, on ne peut se limiter à l'étude du dispositif législatif. La véritable portée de la criminalisation, en effet, ne tient pas tant dans la criminalisation primaire (I) que dans la criminalisation secondaire, l'appréhension et l'application du dispositif par les acteurs de l'antiterrorisme (II). Processus de criminalisation qui met en lumière des difficultés d'articulation des qualifications ou des dispositifs de lutte contre le financement du terrorisme (III).

## I. La criminalisation primaire

Nous ne nous attarderons pas sur les infractions que l'on appelle les infractions terroristes dérivées du droit commun du financement du terroriste que sont le vol, l'extorsion, le blanchiment ou les délits d'initié qui sont toutes visées par l'article 421-1 et qui ont vocation à recevoir une qualification terroriste lorsqu'elles sont commises dans tous leurs éléments et, selon la contraction jurisprudentielle « en relation avec une entreprise terroriste », c'est-à-dire lorsque l'on peut rattacher l'activité de leurs auteurs à un groupe qui sera qualifié d'association de terroristes (*dit* AMT) sur le fondement de 421-2-1 du code pénal.

L'importance des transactions boursières réalisées sur certains titres, notamment American Airlines ou United Airlines, dans les jours précédant les attentats du 11 septembre 2001 ont mis en lumière le risque que des délits d'initié financent les activités terroristes[8]. Si cette thèse ne semble pas à ce jour avoir été démontrée, du moins judiciairement, elle a immédiatement conduit le législateur français à compléter le dispositif de lutte contre le financement du terrorisme en ajoutant les délits d'initié à la liste des infractions terroristes potentielles, liste de l'article 421-1. Il s'agit donc de réprimer le fait de dégager des profits ou d'éviter des pertes grâce à la connaissance

---

[7] Initialement adoptées pour une durée limitée, les dispositions antiterroristes de la loi du 15 novembre 2001 ont pour la plupart – notamment celles relatives aux incriminations – été pérennisées par la loi n° 2003-239 du 18 mars 2003, de sorte que le *corpus* d'incriminations contribuant à la lutte contre le financement du terrorisme s'articule aujourd'hui autour du délit de financement du terrorisme, complété par les délits de blanchiment, d'initié, d'extorsion et de recel tels que réprimés dans le cadre de l'article 421-1 du code pénal.

[8] https://www.lesechos.fr/11/09/2007/LesEchos/20001-166-ECH_11-septembre-2001---des-volumes-inhabituels-sur-les-options-peu-avant-l-attentat.htm (consulté le 19 avril 2018).

d'une information liée à une action terroriste réelle ou potentielle, et surtout la réinjection des sommes ainsi perçues dans l'économie terroriste[9].

Analysons plutôt le délit de financement du terrorisme qui, après une période de transition, semble avoir trouvé sa place.

La loi du 15 novembre 2001 a introduit, à l'article 421-2-2 du code pénal, un délit de financement du terrorisme. Ce texte avait alors été présenté comme un acte de transposition de la Convention internationale pour la répression du financement du terrorisme et cette influence se traduit explicitement dans la définition retenue. Ainsi, dans la Convention internationale pour la répression du financement du terrorisme du 9 décembre 1999, le financement est défini comme le fait, « *par quelque moyen que ce soit, directement ou indirectement, illicitement et délibérément* », de fournir ou réunir « *des fonds dans l'intention de les voir utilisés ou en sachant qu'ils seront utilisés, en tout ou partie, en vue de commettre* » un acte de terrorisme. De son côté, la position commune 2001/930/PESC du 27 décembre 2001 relative à la lutte contre le terrorisme impose aux États membres d'ériger en infraction « *la fourniture ou la collecte délibérée par des citoyens ou sur le territoire de chacun des États membres de l'Union européenne, par quelque moyen que ce soit, directement ou indirectement, de fonds que l'on prévoit d'utiliser, ou dont on sait qu'ils seront utilisés, pour perpétrer des actes de terrorisme* »[10].

En droit français, est qualifié d'acte de terrorisme « *le fait de financer une entreprise terroriste en fournissant, en réunissant ou en gérant des fonds, des valeurs ou des biens quelconques ou en donnant des*

---

[9] En même temps qu'elle intègre les délits d'initié dans le champ du terrorisme, la loi du 15 novembre 2001 élargit la définition de l'initié, entendu désormais comme toute personne, quelle que soit sa qualité, ayant connaissance d'une information privilégiée, y compris en dehors de l'exercice de sa profession ou de ses fonctions (C. monét. fin., art. L. 465-1, al. 1 et 3).
Le régime pénal applicable aux « initiés tertiaires », qui ont connaissance de l'information privilégiée en dehors de l'exercice de leur profession ou de leurs fonctions, porte d'ailleurs la marque des attentats du 11 septembre 2001 : la peine encourue par un initié « tertiaire », qui réaliserait une opération sur le fondement de cette information privilégiée, ou qui la communiquerait, est accrue lorsque les informations en cause concernent la commission d'un crime ou d'un délit (C. monét. fin., art. L. 465-1, al. 3, *in fine*).
La directive 2003/6/CE du Parlement européen et du Conseil du 28 janvier 2003 sur les opérations d'initiés et les manipulations de marché, intègre également cette nouvelle donnée, en qualifiant d'initié potentiel, « toute personne qui détient une telle information : [...] d) en raison de ses activités criminelles » (art. 2).

[10] Art. 1er.

*conseils à cette fin, dans l'intention de voir ces fonds, valeurs ou biens utilisés ou en sachant qu'ils sont destinés à être utilisés, en tout ou partie, en vue de commettre l'un quelconque des actes de terrorisme prévus au présent chapitre, indépendamment de la survenance éventuelle d'un tel acte* ».

L'incrimination est donc particulièrement large, quel que soit l'angle sous lequel on l'aborde.

La nature des actes : « *Fournir, réunir ou gérer des fonds* [...], *donner des conseils* ». En cela, l'incrimination dépasse les exigences du droit international. Ne sont pas seulement susceptibles d'une qualification terroriste la fourniture et la réunion de fonds, mais également la gestion et surtout les conseils prodigués en vue d'une bonne gestion ou réunion de fonds.

L'objet des actes : « *Des fonds, valeurs ou biens quelconques* ». On peut difficilement concevoir un objet plus étendu.

Le but des actes incriminés : « *Dans l'intention de voir ces fonds* [...] *utilisés ou en sachant qu'ils sont destinés à être utilisés, en tout ou partie, en vue de commettre* » un acte de terrorisme quelconque – entendu comme une action terroriste ou un acte de soutien au terrorisme. Cette forme de l'intention est assurément très originale dans le paysage juridique français. Même si l'origine de cette curieuse formule est certainement à rechercher dans sa source internationale, elle a été transposée sans aucune modification par la loi du 15 novembre 2001. L'élément moral de l'infraction est satisfait dès lors que, **soit** l'auteur de l'acte de financement a eu *l'intention* de voir les fonds donnés, réunis ou gérés, ou les conseils prodigués ou utilisés pour la préparation ou la commission d'une infraction terroriste, **soit** a agi en *connaissance* de l'usage qui serait fait des conseils ou des fonds, par l'organisme ou la personne bénéficiaire – et alors, sa volonté est indifférente. On s'éloigne donc de la notion de dol général, dans la mesure où connaissance et volonté ne sont pas ici *cumulatives*[11], mais *alternatives*. Le seuil de la répression est abaissé et l'équilibre entre la matérialité et la volonté infractionnelle est bouleversé. Cette construction originale n'est toutefois pas appliquée par la jurisprudence qui a entrepris d'unifier l'intention des infractions terroristes en faisant de l'intention en matière terroriste un dol général

[11] Sur la structure classique de l'intention, v. Y. MAYAUD, « L'intention dans la théorie du droit pénal », *Problèmes actuels de science criminelle*, P.U.A.M., Vol. XII, 1999, pp. 57-66.

participatif, élément moral des infractions collectives, rempli par l'adhésion à un groupement terroriste[12].

Les effets du financement, enfin, sont indifférents puisque l'article 421-2-2 précise que l'acte de financement est punissable « *indépendamment de la survenance éventuelle* » d'un acte de terrorisme : le financement du terrorisme est une infraction obstacle – c'est ce qui le distingue nettement, d'un point de vue répressif, de la complicité qui exige la commission d'une infraction principale punissable, cette infraction fût-elle, elle-même, une infraction obstacle.

La qualification est ainsi susceptible de recouvrir des comportements aussi éloignés que la mise en place d'un réseau complexe de financement du terrorisme, le don fait à une mosquée connue pour prêcher le recours à la guerre sainte et prôner un islamisme radical ou encore l'envoi d'argent par des parents à leur enfant parti en zone de combat[13].

Le financement du terrorisme est ainsi conçu par le code pénal comme une infraction protéiforme présentant des liens plus ou moins distendus avec le terrorisme[14].

Pourquoi avoir retenu une formule aussi large ? Parce que l'incrimination a vocation à lutter contre le financement de *l'activité*

---

[12] Sur l'élément moral de la participation à une association de terroriste, v. J. ALIX, « Art. 421-1 s. », *Juris-classeur Pénal code*, Paris, LexisNexis, 2015, n° 155. Sur le concept de dol général participatif, v. J. ALIX, *Terrorisme et droit pénal. Étude critique des incriminations terroristes*, Paris, Dalloz, 2010, n° 387 s.

[13] TGI Paris, 28 sept. 2017, 16e chambre. Sur cette affaire, v. O. DUFOUR, « Justice de nuit, justice de va-nu-pieds », *Gaz. Pal.*, 10 oct. 2017, p. 8.

[14] La loi n° 2013-1168 du 18 décembre 2013 relative à la programmation militaire pour les années 2014 à 2019 et portant diverses dispositions concernant la défense et la sécurité nationale a complété l'article L. 2342-60 du code de la défense pour y introduire une incrimination spéciale de financement : « *Est puni des mêmes peines le fait de procurer un financement en fournissant, réunissant ou gérant des fonds, valeurs ou biens quelconques ou en donnant des conseils à cette fin, dans l'intention de voir ces fonds, valeurs ou biens utilisés ou en sachant qu'ils sont destinés à être utilisés, en tout ou partie, en vue de commettre l'une quelconque des infractions prévues aux articles L. 2342-57 et L. 2342-58 et aux alinéas ci-dessus, indépendamment de la commission effective d'une telle infraction* ».
L'incrimination vise les comportements de financement d'une activité illégale d'emploi ou de fabrication d'armes ou de munitions chimiques : si elle est construite sur le même modèle que le financement du terrorisme, elle permet de saisir des comportements sans lien avec une entreprise terroriste. Cette nouvelle incrimination illustre le phénomène de contamination des mécanismes instaurés pour lutter contre le terrorisme vers les autres branches du droit pénal.

terroriste, phénomène criminel global, et particulièrement de ses réseaux, et non contre le financement d'un acte terroriste en particulier. La rédaction du texte traduit cette conception de l'incrimination : l'article 421-2-2 identifie le fait punissable, comme « le fait de financer une *entreprise terroriste* »[15] – alors même que cette notion d'entreprise terroriste n'a pas d'existence légale (l'article 421-1 vise « l'entreprise individuelle ou collective ayant pour but de troubler gravement l'ordre public par l'intimidation ou la terreur »).

Générique, l'incrimination de financement du terrorisme ne requiert pas que soit démontrée l'infraction individualisée dont le financement est projeté[16], mais seulement que ce financement sera injecté dans l'économie terroriste afin de contribuer au financement d'une activité terroriste, quel que soit le stade criminel auquel celle-ci se situe.

Finalement, l'incrimination a pour principale caractéristique d'être une incrimination **préventive**. Elle s'inscrit alors clairement dans la politique pénale initiée à partir de la loi du 22 juillet 1996 (loi adoptée en réaction aux attentats commis par le GIA sur le sol français en 1995 et 1996), politique pénale qui consiste à mobiliser les outils pénaux pour éviter les passages à l'acte, et donc à identifier, puis à poursuivre et à condamner les membres des réseaux terroristes sur le fondement d'incriminations périphériques aux actions terroristes. C'est ce qui explique sa structure.

Malgré cette forme très large d'incrimination, le délit de financement du terrorisme semble avoir mis un peu de temps à trouver sa place dans le dispositif judiciaire de lutte contre le terrorisme.

---

[15] Ainsi, les poursuites sont exercées sur le seul fondement du financement « d'une entreprise terroriste », alors même que la notion ne renvoie à aucune incrimination (Cass. crim., 25 avr. 2006, inédit, n° 05-86.875. – Cass. crim., 4 avr. 2006, n° 06-80.383. – Cass. crim., 29 mars 2006, n° 06-80.279. – Cass. crim., 12 avr. 2005 : *Bull. crim.* 2005, n° 127). Certaines poursuites sont même fondées sur le « financement d'une organisation terroriste » (Cass. crim., 31 janv. 2006, n° 05-86.534) : ce glissement sémantique traduit le caractère générique de l'incrimination et sa vocation à lutter contre les réseaux terroristes.

[16] De même, il suffit que soit constatée la gestion ou la réunion de fonds « en vue de permettre la commission d'actes de terrorisme ». Ainsi, dans un arrêt rendu par la Cour d'appel de Paris le 16 février 2006, il apparaît que les condamnations prononcées en première instance pour financement du terrorisme sanctionnent la participation « à la création et à l'activité de la Sté "Corsica Nettoyage Entretien", société dont l'activité a été en partie tournée vers les possibilités de dégagement de fonds destinés à être utilisés, en tout ou partie, en vue de permettre la commission d'actes de terrorisme indépendamment de la survenance de tels actes » (CA Paris, 16 févr. 2006 : *JurisData* n° 2006-306160).

## II. La criminalisation secondaire

Toute analyse de la pratique judiciaire est, il faut le préciser, effectuée dans la limite des connaissances accessibles ; il s'agit donc de la pratique judiciaire telle qu'elle découle des décisions publiées, ce qui n'offre donc, en réalité, qu'un certain regard sur la pratique judiciaire.

Un mot sur le délit de blanchiment, pour dire que, alors que la lutte contre le blanchiment est présentée comme un axe important de la lutte contre le terrorisme, aucune condamnation accessible ne semble avoir été fondée sur la qualification de blanchiment en relation avec une entreprise terroriste. En réalité, c'est que la lutte contre le blanchiment passe aujourd'hui largement par des dispositifs administratifs de prévention – ce qui permet déjà d'introduire l'idée d'une nécessaire articulation des dispositifs pénaux et administratifs. Aucune condamnation publiée, non plus, pour délit d'initié en relation avec une entreprise terroriste.

Dans la première décennie 2000, les poursuites sur le fondement du délit autonome de financement du terrorisme ont été peu nombreuses. On peut citer, dans le contexte corse, des poursuites pour « financement d'une entreprise terroriste » qui avaient permis de saisir la participation à la création d'une société dont les revenus permettaient de rémunérer les dirigeants et leur activité terroriste[17] ou encore, dans le contexte basque, une saisie de deux cent mille euros provenant d'une indemnité parlementaire suspectés d'avoir été remis, par leur propriétaire député européen, à un tiers afin de financer de façon occulte les activités d'une organisation soupçonnée d'activités terroristes[18].

Le contentieux relatif aux mesures de contrainte au cours de la procédure était toutefois assez révélateur d'une relativement faible gravité des faits en cause. Ainsi, les quelques décisions disponibles font apparaître que les juges recouraient volontiers au contrôle judiciaire à l'encontre d'individus poursuivis pour financement du terrorisme[19].

En réalité, si la qualification de financement du terrorisme a eu du mal à trouver sa place, c'est qu'elle avait été largement supplantée par

---

[17] CA Paris, 10e ch. corr., 16 févr. 2006, P., *JurisData* n° 2006-306160, arrêt de condamnation.

[18] Cass. crim., 12 avr. 2005 : *Bull. crim.* 2005, n° 127.

[19] Cass. crim., 31 janv. 2006, n° 05-86.534. – Cass. crim., 4 avr. 2006, n° 06-80.383. Pour un exemple de détention provisoire du chef de financement du terrorisme, v. néanmoins, Cass. crim., 29 mars 2006, sélectionné, n° 06-80.279.

celle de participation à une association de malfaiteurs puis, pour les faits postérieurs à 1996, participation à une association de terroristes. En effet, c'est sur le fondement de la participation à une association de malfaiteurs qu'étaient auparavant appréhendés les faits de financement du terrorisme[20]. Et même après l'entrée en vigueur de la loi du 15 novembre 2001, les faits de financement, même commis postérieurement, ont continué à être appréhendés sur le fondement de la participation à une association de terroristes, comme le montre un arrêt du 19 novembre 2007[21] : le prévenu avait été condamné pour participation à une association de terroristes, association « à laquelle il a apporté son concours en constituant à Vénissieux par son action et ses prêches une cellule de soutien à l'action d'Al Qaïda [...], en profitant de la "zakat" pour recueillir des fonds au profit de leur action commune, en protégeant le secret des activités de son fils Menad et en l'aidant à organiser la disparition des preuves de son action, faits caractérisant les actes matériels de l'association illicite visée à la prévention ». La plupart des faits avaient été commis après l'entrée en vigueur de la loi du 15 novembre 2001 et la qualification complémentaire de financement du terrorisme n'a pas été retenue, bien que les éléments constitutifs de cette infraction fussent en l'espèce sans aucun doute réunis[22]. Il faut dire que la qualification de participation à un groupe permet de saisir des comportements plus nombreux et plus hétérogènes.

Aujourd'hui, les qualifications de financement du terrorisme et de participation à une association de terroristes sont souvent retenues *cumulativement* pour fonder les poursuites et la qualification de financement du terrorisme semble se faire une place à côté de l'association de terroristes, comme en témoignent deux condamnations récemment contestées devant la Cour de cassation[23]. Les faits de financement sont appréhendés sous la qualification de financement du terrorisme et la qualification de participation au

[20] V. p. ex. CA Paris, 10e ch. corr., 28 juin 1999, *JurisData* n° 1999-024165.

[21] CA Paris, 10e ch. corr., 19 nov. 2007, *JurisData* n° 2007-350440.

[22] V. aussi, CA Paris, 10e ch. corr., 1er juil. 2008, *JurisData* n° 2008-368580, les prévenus sont des membres d'une cellule du Groupe islamiste combattant marocain (GICM) – impliqué dans les attentats de Casablanca en 2003. Dans le cadre de leur participation à ce groupement, ils ont contribué au financement du GICM, hébergé des clandestins, et commis diverses autres infractions. Ils ont été condamnés pour l'ensemble de ces faits pour participation à une association de terroristes.

[23] Cass. crim., 18 févr. 2015, n° 14-80.267 et Cass. crim., 21 mai 2014, n° 13-83.758, *JurisData* n° 2014-010671. V. aussi J. ALIX, « Réprimer la participation au terrorisme », *RSC* 2014, p. 849.

groupement permet d'appréhender toute autre forme de soutien, qu'il prenne la forme de propagande ou de soutien logistique.

Dans ces deux arrêts, qui concernaient tous deux des réseaux de soutien au PKK, des associations turques rattachées à des mouvements indépendantistes mentionnées sur des listes noires avaient été condamnées en plus des personnes physiques pour financement du terrorisme – ce qui n'est pas sans poser la question de l'utilisation dans la procédure judiciaire des pré-qualifications terroristes issues des listes noires internationales ou européennes[24]. Dans l'arrêt *CCK Ahmet Kaya* du 21 mai 2014, l'association cultuelle a été dissoute : une telle dissolution traduit nettement une volonté de sévérité à l'égard des comportements de financement du terrorisme, qui dénote peut-être avec la pratique antérieure. Il faudra évidemment ajouter le cas de l'entreprise Lafarge, mise en examen avec ses dirigeants, du chef de financement du terrorisme pour avoir distribué des fonds aux groupes terroristes qui contrôlent la zone syrienne dans laquelle se trouve l'établissement syrien de la société, afin d'assurer la continuité de l'activité et le passage des salariés[25]. Cette affaire est intéressante car elle met en cause de façon inédite une société commerciale d'origine française.

Dernière précision : pour l'heure, la plupart des condamnations pour financement du terrorisme portent majoritairement sur des réseaux de financement massifs et structurés. Elles n'en témoignent pas moins de la prise en compte de l'importance de priver le terrorisme de ses réseaux de financement. L'activité judiciaire est en train de rejoindre l'actualité et commence à se saisir de l'applicabilité de la qualification aux micro-financements des départs vers des terrains de djihad, comme en témoigne le jugement rendu par le Tribunal de grande instance de Paris le 28 septembre 2017, qui a condamné pour financement du terrorisme une mère et un frère ayant envoyé de l'argent à leur fils et frère présent en Syrie. Mais il est encore difficile de dégager une jurisprudence, et la question se posera, à nouveau, du choix de la qualification et de l'articulation entre financement du terrorisme et participation à une association de terroristes.

---

[24] Sur cette question, v. J. ALIX, *ibid.*

[25] S. SEELOW, « Financement du terrorisme par Lafarge : mode d'emploi », *Le Monde*, 30 avril 2018.

## III. De quelques difficultés d'articulation

Le délit de financement du terrorisme subit une double concurrence : une concurrence interne, par le délit de participation à une association de terroristes ; et une concurrence externe, par les dispositifs administratifs de gel des avoirs.

### 1. Concurrence interne

Un arrêt du 18 février 2015[26] soulève la question du cumul de qualifications de financement et de participation à une association de terroristes. En première instance, la qualification de financement n'avait pas été retenue, les juges estimant que les faits reprochés étaient appréhendés sous la qualification de la participation à une association de terroristes. La décision fut infirmée par la Cour d'appel – et le pourvoi rejeté par la chambre criminelle – au motif que des faits bien distincts étaient en cause (mise à disposition de comptes bancaires, par exemple pour le financement, et participation à des manifestations, rencontres, adhésion à une idéologie, etc. pour la participation au groupement). La question se pose en effet, compte tenu du domaine très large de l'incrimination de participation à une association de terroristes qui permet d'appréhender tout type d'acte de soutien au terrorisme, qu'il soit financier ou moral, toute proximité avec des protagonistes ou avec un projet terroriste en germe.

Cette question de l'articulation a été également posée, mais sous un angle différent, dans l'affaire *Ramda* qui a donné lieu à un arrêt de la Cour européenne des droits de l'homme le 21 décembre 2017 – la question était alors celle de la légalité d'une poursuite, dans un premier temps correctionnelle, sur le fondement de la participation à une association de malfaiteurs (ce qui permettait de saisir à la fois un soutien logistique, des actes de propagande et le financement du réseau – les faits datent du milieu des années 1990 et sont antérieurs à l'incrimination du financement du terrorisme) et, dans un deuxième temps, dans une procédure criminelle, sur le fondement de la complicité d'attentat[27].

Dans les deux affaires, la question était posée aux juridictions sous l'angle de la violation du principe *non bis in idem*. La Cour de cassation, comme la Cour européenne des droits de l'homme, a

---

[26] Cass. crim., 18 fév. 2015, n° 14-80267, inédit.
[27] CEDH, 19 décembre 2017, Req. 78477/11, *Ramda c. France*, O. BACHELET, « Attentats de 1995 : validation strasbourgeoise des condamnations pénales », Lexbase, 2018, n° 2.

considéré qu'il n'y avait, d'une part dans le cumul entre participation à une association de terroristes et financement du terrorisme, d'autre part dans le cumul entre la participation à une association de terroristes et la complicité d'attentat, aucune violation du principe *non bis in idem*, ce qui semble plus contestable dans l'affaire *Ramda*.

Concernant la question du cumul financement/association de terroristes, sa résolution pourrait sembler simple : dès lors que les comportements identifiés sont bien distincts, les qualifications peuvent évidemment être cumulées – mais alors, l'infraction de participation à un groupe terroriste ne doit pas saisir des actes de financement. La difficulté tient en réalité au caractère annexionniste de la participation à un groupe terroriste, qui permet de saisir tous les actes périphériques au terrorisme sans distinguer selon la nature financière, logistique ou idéologique de la participation et qui rend en réalité inutile toute autre incrimination du soutien au terrorisme.

Mais les principes guidant l'acte de qualification pénale devraient conduire à privilégier la loi spéciale et donc à résoudre cette difficulté en privilégiant la qualification de financement du terrorisme. La question a été toutefois compliquée par la criminalisation de la participation à une association de terroristes. Depuis la loi du 23 janvier 2006, le fait de participer à une association de terroristes qui a vocation à commettre des infractions contre les personnes n'est plus un délit puni de dix ans d'emprisonnement (peine que fait par ailleurs encourir le délit de financement du terrorisme) mais un crime. Jusqu'à une période très récente, cette qualification criminelle n'était que très peu appliquée. Mais à l'épreuve de la nouvelle vague de terrorisme et de la situation irako-syrienne, le procureur de Paris a fait savoir qu'il poursuivrait désormais toute personne en lien avec le groupe État islamique sur le fondement de la participation *criminelle* à un groupe terroriste[28]. Dans ces conditions, toute personne qui aurait participé à l'achat d'un billet pour qu'une personne rejoigne la Syrie pourrait être poursuivie pour financement du terrorisme (qualification spéciale) mais aussi pour participation à un groupe terroriste. Or, le principe de la plus haute expression pénale conduit à privilégier cette seconde qualification de participation à un groupe terroriste, qualification générale, au détriment de la qualification spéciale de financement du terrorisme.

---

[28] V. notamment F. MOLINS, « La lutte contre le terrorisme », *Les lundis de l'IHEDN*, Conférence du 12 février 2018, en ligne.

Finalement, le regain d'intérêt pour la qualification de financement du terrorisme n'aura peut-être été que de courte durée... D'autant plus que le dispositif pénal de lutte contre le financement du terrorisme est, en réalité, largement concurrencé à l'extérieur par l'existence des dispositifs administratifs de lutte contre le financement du terrorisme.

**2. Concurrence externe**

Il convient pour finir d'ouvrir le propos en s'interrogeant sur l'efficacité plus faible de cette incrimination par rapport aux dispositifs administratifs de gel des avoirs.

La lutte contre le financement du terrorisme a émergé en droit international à partir de l'année 1999 et a été renforcée au lendemain des attentats du 11 septembre 2001. Il est intéressant de constater que, tant la résolution 1267 (1999) que la résolution 1373 (2001) abordent la question de la lutte contre le financement de façon globale, tant dans leur volet pénal que dans leur volet administratif. Ces deux dispositifs de la lutte contre le financement du terrorisme sont ainsi nés concomitamment.

Sans traiter le sujet qui a été confié à Jean-Baptiste THIERRY[29], il faut se demander si la relative sous-utilisation des outils judiciaires que nous avons perçue pourrait s'expliquer, au moins en partie, par l'existence d'un dispositif administratif extrêmement vigoureux : le gel des avoirs, dont la mise en œuvre n'est pas du tout soumise aux mêmes exigences probatoires ni aux mêmes garanties, même après les arrêts *Kadi et Al Baraakat international*[30]. Deux questions se posent particulièrement.

Première question, dans quelle mesure les qualifications retenues pour décider d'une mesure de gel des avoirs sont par la suite utilisées dans l'exercice de qualification pénale et, ultérieurement, pour fonder une qualification pénale ? Par exemple, dans quelle mesure l'inscription sur une liste noire de l'Union européenne ou internationale est utilisée dans la poursuite puis la condamnation d'un individu pour participation à un groupe terroriste et/ou pour financement du

---

[29] V. sa contribution dans cet ouvrage p. 105 et s.

[30] CJCE, 3 septembre 2008, affaires jointes C-402/05 P et C-415/05 P, *Kadi et Al Barakaat International Foundation c. Conseil et Commission.*

terrorisme ? Les arrêts du 18 février 2015 et *CCK Ahmet Kaya* du 21 mai 2014 fournissent quelques éléments de réponses[31].

À l'épreuve de l'état d'urgence puis de la loi du 30 octobre 2017, le monde des juristes s'est réveillé et a posé la question de la place respective du droit pénal et du droit administratif dans la lutte contre le terrorisme. Mais cette question est posée depuis presque vingt ans dans le domaine de la lutte contre le financement du terrorisme.

Dans quelle mesure les procédures de répression administrative concurrencent, voire supplantent, les procédures puis les condamnations pénales ? C'est la seconde question à laquelle il faudra répondre. Le financement du terrorisme pourrait bien, en réalité, être le domaine dans lequel est né ce droit *sui generis* de la lutte contre le terrorisme, ce « sous-système répressif »[32] que l'on a proposé d'appeler « droit répressif de la sécurité nationale » qui transcende les droits administratifs et pénaux pour laisser place à une répression exacerbée, faiblement garantiste, faiblement contrôlée, et avant tout préventive[33].

**Juillet 2018**

---

[31] Cass. crim., 18 févr. 2015, n° 14-80.267 et Cass. crim., 21 mai 2014, n° 13-83.758, *JurisData* n° 2014-010671. V. aussi J. ALIX, « Réprimer la participation au terrorisme », *op. cit.*, p. 849.

[32] G. QUINTERO OLIVARES, *Definiendo el Terrorismo, Normatividad y materialidad, in Terrorismo y derecho bajo la estela del 11 de septiembre*, Valencia, Tirant Lo Blanch, 2014, p. 85, cité par A. GOGORZA, « Le terrorisme : une catégorie juridique », *in Les politiques criminelles antiterroristes en Europe*, Les colloques de l'ISCJ, Bordeaux, 2017, p. 9 [en ligne].

[33] J. ALIX et O. CAHN, « Mutations de l'antiterrorisme et émergence d'un droit répressif de la sécurité nationale », *RSC* 2017 p. 845 s.

# Les incriminations du financement du terrorisme en droit belge

**Patrick THEVISSEN**

*Avocat, Assistant à l'Université de Liège*

L'appréhension du phénomène terroriste – et singulièrement de son financement – par des incriminations pénales propres ne s'inscrit pas dans une longue tradition pénale en Belgique. Si la thématique terroriste – et de manière sous-jacente celle de sa répression – n'est pas, en soi, nouvelle, l'intervention législative pénale, spécifique à ce propos, est, en revanche, relativement récente.

Historiquement, c'est par le truchement des dispositions de droit pénal commun qu'était approchée la répression des agissements présentant un aspect terroriste. Le focus de l'incrimination ne s'attachait pas tant à la connotation politique du contexte de l'acte posé, mais essentiellement au fait infractionnel lui-même en ce qu'il portait atteinte, comme n'importe quelle autre infraction dénuée de toute ambition terroriste, aux intérêts protégés par le Code pénal. Aujourd'hui, bien que les infractions terroristes aient reçu une place à part dans le catalogue pénal, rendant ainsi clairement compte de l'intention particulière qui anime l'auteur, elles n'ont pas acquis une totale autonomie par rapport au droit pénal commun auquel elles restent encore largement liées.

L'incrimination spécifique du terrorisme d'une part, et de son financement d'autre part, s'inscrit, en Belgique comme dans les autres pays européens, dans un double mouvement initié avant tout sur le plan international.

Le premier mouvement en question est celui qui s'attache de manière directe à « la lutte contre le terrorisme ». Il s'agit de celui amorcé par la Décision-cadre du Conseil de l'Union européenne du 13 juin 2002 relative à la lutte contre le terrorisme, qui a conduit, sur le plan national belge, à l'adoption de la loi du 19 décembre 2003 relative aux infractions terroristes. C'est dans ce mouvement direct, à ambition volontairement répressive, que les incriminations spécifiques du terrorisme ont été introduites dans le Code pénal. Désormais les articles 137 à 141*ter* du Code pénal traitent de ces infractions. En particulier, la définition des « infractions terroristes » et la notion de « groupe terroriste » font leur apparition dans le code. Le financement du terrorisme y est également évoqué. Même si les textes évolueront ultérieurement sous l'effet, notamment, de la Décision-cadre du Conseil de l'Union européenne du 28 novembre 2008 modifiant la décision-cadre 2002/475/JAI relative à la lutte contre le terrorisme et, en droit national, de la loi du 14 décembre 2016 modifiant le Code pénal en ce qui concerne la répression du terrorisme, les fondements d'une lutte répressive contre le terrorisme ont été jetés au début des années 2000.

Le deuxième mouvement d'incrimination spécifique du terrorisme et de son financement est moins direct dès lors qu'il s'inscrit dans une dynamique plus préventive en s'attachant aux flux financiers alimentant l'activité terroriste. En plaçant l'accent sur les ressources, la lutte contre le financement du terrorisme est couplée à la matière du blanchiment d'argent. À nouveau, l'impulsion législative a été d'origine européenne puisque l'Union européenne a été très active dans ce contexte par le biais des différentes directives « blanchiment » commentées plus spécifiquement par d'autres contributions à cette journée. La répercussion nationale belge a été l'adoption de la loi du 11 janvier 1993 relative à la prévention de l'utilisation du système financier aux fins du blanchiment de capitaux et du financement du terrorisme. Le sujet sera ultérieurement retravaillé par la loi du 18 septembre 2017 relative à la prévention du blanchiment de capitaux et du financement du terrorisme et à la limitation de l'utilisation des espèces.

Le *financement* du terrorisme, puisque tel est le propos limité de cette contribution, fait ainsi l'objet d'une double approche : *répressive*, par l'introduction, dans le Code pénal, d'incriminations propres, soumises au régime de droit général, et *préventive* par la création d'obligations de *compliance* afin de permettre la détection et la prévention de flux financiers et d'éviter ainsi l'apport de ressources au terrorisme. Dans cette seconde approche, la répression prend la forme d'un recours au droit pénal sanctionnateur, incriminant comme actes d'entrave les agissements d'institutions du chiffre qui manqueraient à leur obligation de vigilance.

C'est selon cette articulation que sera défini le plan de notre présentation, tout en étant conscient que le *focus* principal sera placé sur les dispositions du Code pénal incriminant le financement du terrorisme. L'examen du droit pénal sanctionnant les manquements aux obligations en matière de lutte contre « le blanchiment et le financement du terrorisme » n'étant d'une part pas proprement spécifique à notre propos du jour et, d'autre part, requérant une analyse complète des règles de *compliance* qui conditionnent l'existence matérielle d'une infraction en la matière, on ne fera qu'évoquer des mécanismes de base qui, dans ce second aspect de la répression, régissent le sujet.

## I. Les incriminations du *financement* du terrorisme

Introduites par la loi du 19 décembre 2003 *relative aux infractions terroristes,* modifiées et complétées par la loi du 14 décembre 2016 *modifiant le Code pénal en ce qui concerne la répression du terrorisme,* les dispositions du droit belge incriminant le terrorisme ainsi que le financement de celui-ci sont aujourd'hui logées aux articles 137 à 141*ter* du Code pénal.

Si le propos est ici d'examiner l'incrimination du *financement* du terrorisme, il ne peut être fait l'impasse sur la notion de *terrorisme* elle-même dès lors qu'elle conditionne l'existence d'une infraction de *financement du terrorisme.* De même faut-il étudier le concept de *groupe terroriste* puisque le financement d'un tel groupe est également incriminé. Néanmoins on se limitera à une simple énonciation, sans entrer dans des considérations plus pointues qui, quoiqu'intéressantes, dépasseraient le cadre de la présentation qui nous est demandée[1].

### 1. Notion de terrorisme

L'infraction terroriste – indique l'article 137, paragraphe 1er du Code pénal – est « *l'infraction prévue aux §§ 2 et 3 qui, de par sa nature ou son contexte, peut porter gravement atteinte à un pays ou à une organisation internationale et est commise intentionnellement dans le but d'intimider gravement une population ou de contraindre indûment des pouvoirs publics ou une organisation internationale à accomplir ou à s'abstenir d'accomplir un acte, ou de gravement déstabiliser ou détruire les structures fondamentales politiques, constitutionnelles, économiques ou sociales d'un pays ou d'une organisation internationale* ».

L'apport législatif par rapport au régime antérieur est de prendre spécifiquement en compte le contexte de commission de l'infraction.

---

[1] Pour des analyses plus approfondies étayées de décisions de jurisprudence, voy. A. FRANSEN et J. KERKHOFS, „Het materieel terrorismestrafrecht in België, de misdrijven“, *T. Strafr.*, 2018, pp. 150-193.

C'est en effet celui-ci qui détermine si un acte visé par d'autres dispositions du Code pénal comme des infractions de droit commun reçoit une coloration terroriste et constitue de ce fait une infraction terroriste.

Cette définition de l'infraction terroriste par le législateur belge n'est en réalité qu'une reprise de la même notion évoquée dans l'article 1er de la Décision-cadre européenne du 13 juin 2002. Cette dernière a déjà été évoquée plus haut et fera l'objet de commentaires plus précis dans d'autres contributions au présent colloque.

Si au vu du paragraphe 1er de l'article 137 du Code pénal, l'élément contextuel est important, il convient néanmoins d'avoir égard au fait que toute infraction ne devient pas nécessairement « terroriste » en fonction du contexte dans lequel elle se réalise ; seule la liste de cas retenus par la loi et énoncés aux paragraphes 2 et 3 de l'article 137 du Code pénal ouvre à cette possibilité. La caractérisation de l'infraction terroriste requiert dès lors, au titre de l'examen de l'élément matériel, la vérification préalable que les faits sont constitutifs d'une des qualifications pénales reprises dans la liste. Si cette liste est limitative et, partant, d'interprétation restrictive, on constatera qu'elle reprend néanmoins un panel de situations très largement définies, englobant l'essentiel des actions que l'imagination terroriste semble être susceptible de produire.

La liste d'infractions en question est reprise aux paragraphes 2 et 3 de l'article 137 du Code pénal. Cette division tient au fait que les cas visés au paragraphe 2 sont relatifs à des infractions incriminées, hors contexte terroriste, par d'autres dispositions du Code pénal ou de lois spéciales, tandis que les hypothèses mentionnées au paragraphe 3 concernent des situations qui n'étaient pas encore ou pas suffisamment appréhendées par le droit pénal général[2].

---

[2] *Doc. Parl.*, Ch. des Repr., 2003-04, n° 51-0258/001, p. 10.

L'article 137, § 2 du Code pénal reprend la liste des infractions de droit commun devenant *terroristes* en fonction du contexte. Il s'agit de :

1° **l'homicide volontaire ou les coups et blessures volontaires** visés aux articles 393 à 404, 405*bis*, 405*ter* dans la mesure où il renvoie aux articles précités, 409, § 1er, alinéa 1er, et §§ 2 à 5, 410 dans la mesure où il renvoie aux articles précités, 417*ter* et 417*quater* ;

2° **la prise d'otage** visée à l'article 347*bis* ;

3° **l'enlèvement** visé aux articles 428 à 430, et 434 à 437 ;

4° **la destruction ou la dégradation massives** visées aux articles 521, alinéas 1er et 3, 522, 523, 525, 526, 550*bis*, § 3, 3°, à l'article 15 de la loi du 5 juin 1928 portant révision du Code disciplinaire et pénal pour la marine marchande et la pêche maritime, ainsi qu'à l'article 114, § 4, de la loi du 21 mars 1991 portant réforme de certaines entreprises publiques économiques, ayant pour effet de mettre en danger des vies humaines ou de produire des pertes économiques considérables ;

5° **la capture d'aéronef** visée à l'article 30, § 1er, 2°, de la loi du 27 juin 1937 portant révision de la loi du 16 novembre 1919 relative à la réglementation de la navigation aérienne ;

6° le fait de s'emparer par fraude, violence ou menaces envers le capitaine d'un **navire**, visé à l'article 33 de la loi du 5 juin 1928 portant révision du Code disciplinaire et pénal pour la marine marchande et la pêche maritime ainsi que les actes de **piraterie** visés à l'article 3 de la loi du 30 décembre 2009 relative à la lutte contre la piraterie maritime ;

7° les infractions visées par l'arrêté royal du 23 septembre 1958 portant règlement général sur la fabrication, l'emmagasinage, la détention, le débit, le transport et l'emploi des **produits explosifs**, modifié par l'arrêté royal du 1er février 2000, et punies par les articles 5 à 7 de la loi du 28 mai 1956 relative aux substances et mélanges explosibles ou susceptibles de déflagrer et aux engins qui en sont chargés ;

8° les infractions visées aux articles 510 à 513, 516 à 518, 520, 547 à 549, ainsi qu'à l'article 14 de la loi du 5 juin 1928 portant révision du Code disciplinaire et pénal pour la **marine** marchande et la pêche maritime, ayant pour effet de mettre en danger des vies humaines ;

9° les infractions visées par la loi du 8 juin 2006 réglant des activités économiques et individuelles avec des **armes** ;

10° les infractions visées à l'article 2, alinéa premier, 2°, de la loi du 10 juillet 1978 portant approbation de la Convention sur l'interdiction de la mise au point, de la fabrication et du stockage des **armes bactériologiques** (biologiques) ou à toxines et sur leur destruction, faite à Londres, Moscou et Washington le 10 avril 1972 ;

11° la **tentative**, au sens des articles 51 à 53, de commettre les délits visés au présent paragraphe.

Par ailleurs l'article 137, § 3 du Code pénal complète la liste de cas par des incriminations nouvelles, non déjà visées ailleurs dans le code ou dans des lois particulières, qui, si elles s'inscrivent dans l'optique décrite au § 1er seront qualifiées de terroristes. Il s'agit de :

1° **la destruction ou la dégradation massives**, ou la provocation d'une inondation d'une infrastructure, d'un système de transport, d'une propriété publique ou privée, ayant pour effet de mettre en danger des vies humaines ou de produire des pertes économiques considérables, autres que celles visées au § 2 ;

2° **la capture d'autres moyens de transport** que ceux visés aux 5° et 6° du § 2 ;

3° la fabrication, la possession, l'acquisition, le transport ou la fourniture **d'armes nucléaires ou chimiques**, l'utilisation d'armes nucléaires, biologiques ou chimiques, ainsi que la recherche et le développement d'armes chimiques ;

4° **la libération de substances dangereuses** ayant pour effet de mettre en danger des vies humaines ;

5° **la perturbation ou l'interruption de l'approvisionnement** en eau, en électricité ou en toute autre ressource naturelle fondamentale ayant pour effet de mettre en danger des vies humaines ;

6° **la menace** de réaliser l'une des infractions énumérées au § 2 ou au présent paragraphe.

La matérialité d'une infraction terroriste s'appréciera dès lors en fonction des critères combinés de l'une ou l'autre (ou de plusieurs) des infractions listées (§§ 2 et 3) et du contexte spécifique terroriste de l'acte posé (§ 1er). Ce n'est que si l'infraction reprise dans l'énumération des paragraphes 2 et 3, *par sa nature ou son contexte, peut porter gravement atteinte à un pays ou à une organisation internationale* qu'il peut être matériellement question d'une infraction terroriste.

L'élément moral de l'infraction terroriste consiste en un dol spécial dans la mesure où l'acte doit avoir été commis non seulement intentionnellement, c'est-à-dire de manière consciente et volontaire, mais encore *dans le but d'intimider gravement une population ou de contraindre indûment des pouvoirs publics ou une organisation internationale à accomplir ou à s'abstenir d'accomplir un acte, ou de gravement déstabiliser ou détruire les structures fondamentales politiques, constitutionnelles, économiques ou sociales d'un pays ou d'une organisation internationale.*

**2. Notion de groupe terroriste**

Le groupe terroriste est défini à l'article 139 du Code pénal. Il consiste en une association structurée de plus de deux personnes, établie dans le temps, et qui agit de façon concertée en vue de commettre des infractions terroristes visées à l'article 137.

La loi rappelle qu'une organisation dont l'objet réel est exclusivement d'ordre politique, syndical, philanthropique, philosophique ou religieux ou qui poursuit exclusivement tout autre but légitime ne peut, en tant que telle, être considérée comme un groupe terroriste.

À nouveau, le texte légal belge est largement inspiré de celui de la Décision-cadre européenne du 13 juin 2002. Aussi, lorsqu'il s'agit de déterminer ce que la loi entend par une « association structurée », il faut se référer à la définition donnée à l'article 2, § 1er du texte européen, à savoir *une association qui ne s'est pas constituée au hasard pour commettre immédiatement une infraction et qui n'a pas nécessairement de rôles formellement définis pour ses membres, de continuité dans sa composition ou de structure élaborée*[3].

[3] *Doc. Parl.*, Ch. des Repr., 2003-04, n° 51-0258/001, pp. 12 et 32.

### 3. Incrimination du *financement* du terrorisme

Le financement du terrorisme est évoqué dans deux articles du Code pénal, selon la distinction que l'activité financée est celle d'un groupe ou d'une personne isolée.

#### 3.1 Financement d'un groupe terroriste

Le financement d'un groupe terroriste est visé à l'article 140 du Code pénal :

> *Toute personne qui participe à une activité d'un groupe terroriste, y compris par la fourniture d'informations ou de moyens matériels au groupe terroriste, ou par toute forme de financement d'une activité du groupe terroriste, en ayant eu ou en ayant dû avoir connaissance que cette participation pourrait contribuer à commettre un crime ou un délit du groupe terroriste, sera punie de la réclusion de cinq ans à dix ans et d'une amende de cent euros à cinq mille euros.*
>
> *Tout dirigeant du groupe terroriste est passible de la réclusion de quinze ans à vingt ans et d'une amende de mille euros à deux cent mille euros.*

Sous l'angle matériel, l'élément constitutif de l'infraction de financement du terrorisme consiste, selon le libellé de la loi, en un acte de participation à l'activité d'un groupe terroriste.

Il est donc un prérequis obligatoire consistant en l'existence d'un *groupe* terroriste tel que défini à l'article 139 du Code pénal. Il est en revanche indifférent que le groupe en question se soit formé en une structure locale, régionale, nationale ou internationale. Même le groupe étranger, c'est-à-dire localisé exclusivement à l'extérieur des frontières belges entre en ligne de compte.

La loi appréhende toute forme de participation à l'activité d'un groupe terroriste, elle énumère néanmoins, à titre exemplatif et donc non exhaustif, des hypothèses concrètes : l'apport d'informations, la fourniture de moyens matériels et le financement, quel que soit sa forme.

Le législateur a entendu étendre largement le filet pénal en matière de financement du terrorisme puisque non seulement l'acte effectivement contributif – même de manière minime – à l'activité du groupe est incriminé, mais encore l'acte potentiellement contributif, c'est-à-dire celui qui est destiné à soutenir le groupe, même sans atteindre l'objectif recherché.

On ne distingue pas selon que la participation est systématique ou simplement occasionnelle. Dans l'un et l'autre cas, l'incrimination est rencontrée. Cependant, une participation active demeure requise ; *a contrario,* le seul fait d'être membre d'un groupe terroriste, d'adhérer à ses idées, de connaître ses activités… n'est pas, en soi, punissable.

Ainsi définie, la participation à l'activité d'un groupe terroriste reçoit un spectre extrêmement étendu. Sous l'angle du financement on visera ainsi, par exemple, l'activité de blanchiment de capitaux afin de réunir des fonds nécessaires aux activités du groupe ou le transport de fonds pour faciliter le départ de candidats djihadistes mais encore toute forme quelconque de collecte de dons ou de subsidiations.

L'élément moral retenu par la loi pour caractériser l'infraction de financement d'un groupe terroriste a évolué au fil du temps. S'il était requis, initialement que la participation était posée *en ayant connaissance* qu'elle contribue à commettre un crime ou un délit du groupe terroriste, le législateur retient aujourd'hui un principe de la « conscience de la possibilité » pour caractériser l'élément moral.

L'acte commis *en ayant eu ou en ayant dû avoir* connaissance que la participation *pourrait* contribuer à commettre un crime ou un délit du groupe terroriste est répréhensible. Pour apprécier cette situation on se place par référence à l'homme honnête, diligent et prudent.

À propos de la connaissance de l'activité terroriste du groupe, il a été jugé que doivent être tenues pour punissables toutes les aides consenties à un groupement terroriste, de quelque nature qu'elles puissent être, pourvu que celui qui les apporte ait connaissance de la vocation terroriste du mouvement. En effet, s'il apporte consciemment une aide à un tel mouvement, l'agent nourrira nécessairement l'espoir que cette aide puisse être utile au mouvement, même si elle devait, par nature, rester relativement éloignée du champ des opérations terroristes futures[4].

Il suffit que l'auteur du financement ait su ou aurait dû savoir que la participation *pourrait* servir les activités d'un groupe terroriste. Ainsi la connaissance d'une potentialité d'utilité de l'aide fournie suffit pour remplir l'exigence légale.

Si l'intention du législateur a manifestement été d'englober un maximum d'hypothèses dans le champ pénal, il demeure néanmoins que l'élément moral ainsi défini pose un véritable enjeu probatoire.

---

[4] Bruxelles, 11e ch., 1er décembre 2010.

### 3.2. Financement d'un terroriste isolé

L'hypothèse du financement du terrorisme par un agent isolé est visée par l'article 141 du Code pénal :

> *Sera punie* [...], *toute personne qui fournit ou réunit, par quelque moyen que ce soit, directement ou indirectement, des moyens matériels, y compris une aide financière, avec l'intention qu'ils soient utilisés ou en sachant qu'ils seront utilisés, en tout ou en partie,*
>
> *1° en vue de commettre ou de contribuer à une infraction visée aux articles 137 et 140 à 140*septies *;*
>
> *ou*
>
> *2° par une autre personne lorsque la personne qui fournit ou réunit les moyens matériels sait que cette autre personne commet ou va commettre une infraction visée à l'article 137.*

L'élément matériel retenu consiste en la fourniture ou en la réunion de moyens matériels à l'agent. La loi couvre un double aspect : est incriminé le fait de donner, mais aussi celui de recevoir ou de solliciter, que ce soit pour soi-même (1°) ou pour une organisation (1°) ou encore pour un terroriste isolé (2°).

Les moyens matériels visés par la loi peuvent être de toute nature, y compris financiers (épargne, quête, dons).

L'élément moral consiste en l'intention ou la connaissance que les moyens fournis ou réunis seront utilisés à des fins terroristes.

### 4. Peines

Les peines retenues pour les infractions de *financement* du terrorisme – objet auquel est limité notre propos dans le cadre de la présente contribution – sont la réclusion de cinq à dix ans et l'amende de cent euros à cinq mille euros. Les articles 140 et 141 du Code pénal retiennent tous deux la même fourchette de peine.

## II. Les incriminations en lien avec la lutte contre le *financement* du terrorisme

À côté de la répression directe – mais *a posteriori* – de l'apport de ressources au terrorisme par les dispositions du Code pénal examinées sous le titre précédent, il existe encore des dispositions pénales touchant de manière plus médiate au phénomène du financement du terrorisme. Elles sanctionnent pénalement, non pas les bailleurs de fonds d'activités terroristes, mais, en cas de manquement, les organismes bancaires et financiers par lesquels ont transité les deniers du terrorisme. Ces professionnels du chiffre se sont en effet vus imposer un certain nombre d'obligations en matière de détection et de dénonciation de flux financiers suspects, parmi lesquels figurent les flux alimentant l'activité terroriste. Afin d'assurer l'effectivité de ces obligations, le législateur a eu recours au droit pénal sanctionnateur.

S'il s'agit d'incriminations en lien avec la lutte contre le financement du terrorisme, elles ne sont pas spécifiques à la matière puisqu'elles s'inscrivent plus largement dans le contexte de la lutte contre le blanchiment.

Sous l'impulsion des directives européennes en matière de blanchiment, le législateur belge avait adopté une première loi dite « blanchiment ». Il s'agissait de la loi du 11 janvier 1993 *relative à la prévention de l'utilisation du système financier aux fins du blanchiment de capitaux et du financement du terrorisme*. Modifiée à de nombreuses reprises pour s'ajuster sur les nouvelles directives européennes, elle fut finalement abrogée et remplacée intégralement par un texte nouveau.

La loi du 18 septembre 2017 *relative à la prévention du blanchiment de capitaux et du financement du terrorisme et à la limitation de l'utilisation des espèces* a principalement pour objet la prévention de l'utilisation du système financier aux fins du blanchiment de capitaux et du financement du terrorisme, ainsi que du financement de la prolifération des armes de destruction massive. Elle assure la transposition de la Directive (UE) 2015/849 du Parlement européen et du Conseil du 20 mai 2015 relative à la prévention de l'utilisation du système financier aux fins du blanchiment de capitaux ou du financement du terrorisme, modifiant le règlement (UE) n° 648/2012 du Parlement européen et du Conseil et abrogeant la directive 2005/60/CE du Parlement européen et du Conseil et la directive 2006/70/CE de la Commission.

Le législateur belge a donc transposé en droit national une série d'obligations de prévention contre l'utilisation des instruments financiers à des fins illicites, de blanchiment, mais aussi de financement du terrorisme.

Selon l'article 3 de cette loi, est considéré comme « financement du terrorisme » le fait de réunir ou de fournir des fonds ou d'autres moyens matériels, par quelque moyen que ce soit, directement ou indirectement, avec l'intention qu'ils soient utilisés ou en sachant qu'ils seront utilisés, en tout ou en partie, par une organisation terroriste ou par un terroriste agissant seul, même en l'absence de lien avec un acte terroriste précis.

Il n'est pas possible de rendre compte, dans le cadre limité de la présente contribution de l'ensemble des mécanismes préventifs et de dénonciation mis en place par la nouvelle loi « blanchiment », mais on retiendra uniquement l'aspect pénal lié à la question.

De manière non spécifique à la thématique terroriste mais dans le contexte global de son champ d'application plus large, la loi « blanchiment » incrimine, dans le chef des personnes auxquelles s'adressent les obligations de *compliance* qu'elle édicte par ailleurs, le fait de former un obstacle aux contrôles qu'elle instaure, ou le fait de donner sciemment des renseignements inexacts ou incomplets.

L'article 136 de la loi dispose ainsi que :

> *Pour l'application de la présente loi, des arrêtés et règlements pris pour son exécution, sont punis ceux qui font obstacle aux inspections et vérifications des autorités de contrôle auxquelles ils sont tenus dans le pays ou à l'étranger ou qui refusent de donner des renseignements qu'ils sont tenus de fournir en vertu de la présente loi ou qui donnent sciemment des renseignements inexacts ou incomplets :*
>
> *1° pour les entités assujetties visées à l'article 5, § 1er, 1° à 10°, 14°, et 17° à 22°, avec les peines prévues à l'article 36/20, § 1er, de la loi du 22 février 1998 fixant le statut organique de la Banque nationale de Belgique ;*
>
> *2° pour les entités assujetties visées à l'article 5, § 1er, 11° à 13°, 15° et 16°, avec les peines prévues à l'article 87, § 1er, de la loi du 2 août 2002 relative à la surveillance du secteur financier et aux services financiers ;*
>
> *3° pour les entités assujetties visées à l'article 5, § 1er, 23° à 33°, avec une amende de 150 euros à 5 000 euros.*

Il s'agit donc bel et bien d'un droit pénal sanctionnateur, institué non pas tellement pour punir, mais surtout pour assurer l'effectivité du système administratif mis en place par les autres dispositions de la loi.

**Septembre 2018**

# La difficulté de la lutte contre le financement du terrorisme : l'exemple des armes légères et de petit calibre et des munitions en provenance des Balkans utilisées dans les attentats commis en France entre 2014 et 2017

## Philippe FÉLIX-UNCANIN

*Doctorant en droit privé et sciences criminelles,*
*Université de Lorraine, ED SJPEG, Institut François Gény (EA 7301)*

La préparation d'un complot terroriste nécessite de réunir des fonds, en particulier pour acquérir des armes légères et de petit calibre (ALPC)[1] et des munitions. Selon l'agence Europol, les principales sources d'armes illégales dans l'Union européenne sont l'offre nationale, le trafic intracommunautaire et le trafic en provenance des pays des Balkans occidentaux[2].

---

[1] Nous retiendrons dans le cadre de cet article la définition de l'instrument international visant à permettre aux États de procéder à l'identification et au traçage rapides et fiables des armes légères et de petit calibre illicites de décembre 2005, http://www.poa-iss.org/InternationalTracing/ITI_French.pdf : « Aux fins du présent instrument, on entend par "armes légères et de petit calibre" toute arme meurtrière portable à dos d'homme qui propulse ou lance des plombs, une balle ou un projectile par l'action d'un explosif, ou qui est conçue pour ce faire ou peut être aisément transformée à cette fin, à l'exclusion des armes légères et de petit calibre anciennes ou de leurs répliques. Les armes légères et de petit calibre anciennes et leurs répliques seront définies conformément au droit interne. Les armes légères et de petit calibre anciennes n'incluent en aucun cas celles fabriquées après 1899 : a) On entend, de façon générale, par "armes de petit calibre" les armes individuelles, notamment mais non exclusivement : les revolvers et les pistolets à chargement automatique ; les fusils et les carabines ; les mitraillettes ; les fusils d'assaut ; et les mitrailleuses légères ; b) On entend, de façon générale, par "armes légères" les armes collectives conçues pour être utilisées par deux ou trois personnes, quoique certaines puissent être transportées et utilisées par une seule personne, notamment mais non exclusivement : les mitrailleuses lourdes ; les lance-grenades portatifs amovibles ou montés ; les canons antiaériens portatifs ; les canons antichars portatifs ; les fusils sans recul ; les lance-missiles et les lance-roquettes antichars portatifs ; les lance-missiles antiaériens portatifs ; et les mortiers d'un calibre inférieur à 100 millimètres ».

[2] Europol, "Interim SOCTA 2015 : an update on serious and organised crime in the EU", mars 2015, p. 21, http://statewatch.org/news/2015/mar/eu-europol-interim-SOCTA-7271-15.pdf

Cet article sera centré sur le trafic d'ALPC ayant pour origine les pays des Balkans occidentaux compte-tenu de l'importance de cette filière lors des attentats commis en France et en Belgique entre 2014 et 2017.

En effet, les stocks d'armes et de munitions qui peuvent alimenter les trafics sont importants dans les pays des Balkans occidentaux (1) et les fonds devant être mobilisés pour les acquisitions clandestines sont limités et difficiles à détecter (2).

## 1. Les Balkans occidentaux : une offre conséquente et compétitive

Les attentats terroristes commis en France et en Belgique au cours des trois dernières années ont mis en lumière l'importance de la filière d'ALPC en provenance des Balkans. Ainsi, 50 % des armes utilisées par les terroristes lors des attentats de janvier et novembre 2015 étaient des fusils d'assaut *Zastava* M-70 fabriqués en Serbie[3].

Les stocks d'armes, de munitions et d'explosifs sont très importants dans les Balkans occidentaux (1.1.) et ils constituent une offre compétitive et facilement accessible pour les terroristes et les membres de la criminalité organisée (1.2.).

### 1.1. Des stocks importants dans les Balkans occidentaux

De nombreux exemples de saisies d'armes, de munitions et d'explosifs dans les Balkans ou en provenance des Balkans ont alimenté l'actualité des six derniers mois :

- <u>2 novembre 2017</u> : 60 kilogrammes d'explosifs militaires saisis dans une embarcation sur la rivière Sava, à proximité de Stara Gradiska, à la frontière entre la Bosnie-Herzégovine et la Croatie[4] ;
- <u>8 novembre 2017</u> : 2 lance-roquettes Zolja M80, 4 fusils d'assaut, 10 pistolets automatiques et plusieurs milliers de cartouches de divers calibres saisis dans un box près de Chartres[5] ;

---

[3] Intervention d'un chef de service de police judiciaire lors d'un workshop sur les trafics d'armes à l'ambassade de France à Belgrade le 21 septembre 2016.

[4] Entretien avec un policier de la police judiciaire de Bosnie-Herzégovine le 6 novembre 2017.

[5] « Deux lance-roquettes découverts lors d'une saisie d'armes exceptionnellement inquiétante », site internet *France 3 régions*, 16 novembre 2017, https://france3-regions.francetvinfo.fr/centre-val-de-loire/loiret/orleans/deux-lance-roquettes-decouverts-lors-saisie-armes-exceptionnellement-inquietante-1367233.html

- 2 février 2018 : 9 fusils d'assaut et 9 pistolets automatiques saisis par la Police judiciaire de Toulon[6] ;
- 14 mars 2018 : Saisie de 3 lance-roquettes Zolja M80 à Belgrade[7].

L'importance des stocks d'armes dans les Balkans occidentaux n'est pas un phénomène récent. Une étude réalisée en mai 2002 par Ian DAVIS pour Saferworld[8], dénombrait environ 6.110.000 ALPC (dont 3.700.000 fusils d'assaut) disponibles dans l'ex-Yougoslavie en 1989 (armée fédérale, défense territoriale, police, administrations, civils avec autorisation, surplus industriels et armes détenues illégalement).

Le nombre d'armes disponibles sur le territoire de l'ex-Yougoslavie s'expliquait par le système de défense populaire généralisée mis en place par le Maréchal Tito en 1969. Il comprenait l'armée populaire yougoslave (*Jugoslovenska Narodna Armijala* - JNA) et des défenses territoriales républicaines qui étaient organisées au niveau des municipalités et des grandes entreprises dans toutes les républiques de la fédération[9]. Tous les citoyens devaient être armés afin de participer à la défense du territoire en menant des actions de partisans en cas d'agression extérieure. Des stocks importants étaient donc répartis sur tout le territoire de la fédération. Par exemple, les armes de la défense territoriale de la Bosnie-Herzégovine étaient stockées dans 653 dépôts différents avant d'être regroupées dans 48 dépôts[10] en mai 1990. De nombreux « dépôts » n'étaient absolument pas adaptés au stockage des armes et des munitions. Il pouvait s'agir de la cave d'une école, d'un hôtel ou d'un restaurant, de l'entrepôt d'une société, d'un local municipal, etc. Ces différents lieux, qui ne réunissaient pas les

---

[6] « Trafic de stupéfiants à Toulon : 11 interpellations et un million d'euros saisi », site internet *Europe 1*, 3 février 2018, http://www.europe1.fr/faits-divers/trafic-de-stupefiants-a-toulon-11-interpellations-et-un-million-deuros-saisi-3564104

[7] Entretien avec un enquêteur de la police judiciaire serbe le 16 mars 2018.

[8] I. DAVIS, "Small arms et light weapons in the federal republic of Yugoslavia, the nature of the problem", *Saferworld*, May 2002, p. 50, https://www.files.ethz.ch/isn/124881/SALW%20Yugo.pdf

[9] La République fédérative socialiste de Yougoslavie était un État fédéral composé de six républiques : la Bosnie-Herzégovine (capitale : Sarajevo), la Croatie (capitale : Zagreb), la Macédoine (capitale : Skopje), le Monténégro (capitale : Titograd), la Serbie (capitale : Belgrade) et la Slovénie (capitale : Ljubljana).

[10] Tribunal pénal pour l'ex-Yougoslavie, jugement procès contre Radoslav BRDJAMIN 030121FE, Site Internet TPIY, 1er septembre 2004, http://www.icty.org/x/cases/brdanin/tjug/fr/brd-tj040901f.pdf

conditions de sécurité requises pour le stockage, ont facilité les passages d'armes et de munitions vers le marché illégal.

Une étude de 2014 de *Small Arms Survey*[11] estimait que la quantité d'armes légères en circulation dans les 7 pays des Balkans se situait entre 3.630.000 et 6.180.000 (Albanie, Ancienne République Yougoslave de Macédoine, Bosnie et Herzégovine, Croatie, Kosovo[12], Monténégro et Serbie).

Il semble utile de préciser que dans ces estimations la Serbie et la Bosnie-Herzégovine, les deux principaux pays sources des trafics vers la France[13], représentent, avec 2.100.000 armes, 58 % du total de l'estimation basse et, avec 3.790.000 armes, 61 % du total de l'estimation haute.

Les armes en circulation dans les pays des Balkans restent donc à un niveau très élevé. L'estimation haute de l'étude de 2014 correspond quasiment à l'étude de 2002 (plus de 6 millions d'armes). Cela s'explique notamment par la présence en Bosnie-Herzégovine, en Croatie, au Monténégro et en Serbie d'une industrie dynamique de production d'armes légères.

Ainsi, en Serbie, l'entreprise *Zastava* fabrique de nombreuses armes légères et de petit calibre[14] :

- fusil d'assaut M21A, calibre 5.56 mm (et ses dérivés M21S, M21ABS, M21SBS) ;

- fusil d'assaut M70B1, calibre 7.62 mm (et ses dérivés M70B3, M70AB2, M70AB3) ;

- fusil d'assaut M77B1, calibre 7.62 mm ;

- fusil mitrailleur M21, calibre 5.56 mm et fusil mitrailleur M92, calibre 7.62 mm ;

---

[11] J. CARAPIC, "Handgun ownership and armed violence in the Western Balkans", *Small Arm Survey*, Issue Brief, September 2014, p. 5, http://www.smallarmssurvey.org/fileadmin/docs/G-Issue-briefs/SAS-AV-IB4-Western-Balkans.pdf

[12] Au sens de la Résolution 1244 (1999) adoptée par le Conseil de sécurité des Nations unies à sa 4011e séance le 10 juin 1999, http://www.un.org/fr/documents/view_doc.asp?symbol=S/RES/1244(1999)

[13] Intervention d'un chef de service de police judiciaire lors d'un workshop sur les trafics d'armes à l'ambassade de France à Belgrade le 21 septembre 2016 ; « Les trafics d'armes », fiche DACG, Ministère de la Justice, 5 mai 2014, pp. 3-4.

[14] *Zastava Arms*, site internet, http://www.zastava-arms.rs/

- fusil de sniper M07, calibre 7.62 mm et fusil de sniper M93, calibre 12.7 mm ;

- mitrailleuses sur trépied M84, calibre 7.62 mm, et M87, calibre 12.7 mm ;

- lanceur de grenades automatique M93, calibre 30 mm ;

- pistolets automatiques EZ9/EZ40 et CZ999, calibres 9 mm.

Au Monténégro, l'entreprise *Tara group*[15] produit :

- le pistolet TM-9 calibre 9 mm ;

- le fusil d'assaut TM-4 calibre 5,56 mm ;

- des grenades à main ;

- des silencieux pour armes de petit calibre.

Seuls ces deux pays sont cités car l'auteur de cet article y travaille depuis 3 ans et a été en mesure de constater la porosité entre le marché légal des armes légères et de petit calibre et le marché clandestin qui alimente les criminels et les terroristes.

En effet, des armes fabriquées et stockées légalement peuvent se trouver rapidement dans les circuits clandestins à la suite de vols dans les sites légaux de production ou dans les stocks des forces de sécurité[16]. Par exemple, le 17 novembre 2016 le ministère de la Défense serbe a annoncé la disparition, dans le plus grand dépôt de l'armée à Belgrade, de 70 pistolets automatiques, 5 fusils d'assaut *Zastava* M-70 et 1.700 cartouches. Ce site n'est pas placé sous vidéosurveillance et il est gardé par des militaires qui perçoivent en moyenne 350 euros par mois. L'enquête a rapidement confondu un militaire employé à la garde du dépôt qui espérait ainsi gagner six années de solde grâce à la revente sur le marché local.

La faiblesse des salaires dans l'armée, les forces de sécurité intérieure et plus généralement dans la fonction publique explique en grande partie la banalisation de la corruption et les vols dans les stocks de l'armée ou de la police. Pour un militaire ou un policier des Balkans,

---

[15] *Tara Group*, site internet, http://www.tara-perfection.com/group/

[16] A. SPAPENS, "Trafficking in illicit firearms for criminal purposes within the European Union", *European Journal of Crime, Criminal Law and Criminal Justice*, 2007, pp. 359-381, https://pure.uvt.nl/ws/files/923753/fulltext.pdf

le détournement d'un fusil d'assaut ou d'un pistolet automatique représente un gain potentiel d'un mois de salaire sur le marché local[17].

### 1.2. Une offre compétitive et accessible

Les armes, munitions et explosifs sont disponibles dans les Balkans, à moins de 2.000 kilomètres de nos frontières.

Le fusil *Zastava* M-70 est une valeur sûre, qui combine fiabilité, robustesse et prix attractif. Il est aisément démontable et facile d'entretien et de manipulation. Un M-70 et ses deux chargeurs de 30 cartouches, acheté environ 400 euros en Serbie ou en Bosnie-Herzégovine, peut se négocier entre 2.500 et 3.000 euros dans un pays de l'UE[18].

Les munitions des calibres 7,62 mm et 9 mm, les plus utilisés par les terroristes et le crime organisé, sont abondantes sur le marché noir et d'un coût très réduit (1 euro la cartouche pour des quantités inférieures à 300 et 100 euros le lot de 300 cartouches pour des achats plus importants)[19].

Le TNT (trinitrotoluène) est un explosif puissant qui est également facilement accessible et peu coûteux dans les Balkans. Proposé au prix moyen de 200 euros le kilogramme, il provient le plus souvent de vols dans les stocks de sociétés de travaux publics[20].

L'offre d'armes balkanique est abondante, compétitive et proche du marché français. En effet, la distance entre Paris et Sarajevo ou Belgrade est d'environ 1.850 km.

Le trafic des ALPC se fait principalement par la voie terrestre. C'est un trafic à petite échelle, aussi appelé « trafic de fourmi »[21]. Les ALPC sont faciles à démonter et donc à dissimuler. Elles sont généralement transportées dans des véhicules munis de caches (19 pistolets automatiques dissimulés dans le réservoir d'une Renault Laguna saisis le 31 mai 2016 à la frontière Serbie / Hongrie[22] – 6 fusils d'assaut démontés, dont 5 *Zastava* M70, dissimulés dans les

---

[17] Séminaire « Lutte contre les trafics d'armes », Ministère de l'Intérieur, Direction de la Coopération Internationale, Sarajevo, 17 mai 2017, https://ba.ambafrance.org/L-Ambassade-de-France-en-BiH-organisatrice-d-un-Seminaire-regional-de-lutte

[18] *Ibid.*

[19] Entretien avec un policier serbe membre de l'Unité permanente de renseignement criminel franco-serbe, Belgrade, le 14 mars 2018.

[20] *Ibid.*

[21] Transport de 5 à 10 pièces par voyage sauf rares exceptions.

[22] Entretien avec des policiers spécialisés serbes et site internet du ministère serbe de l'Intérieur.

passages de roues et les garnitures de portes d'une Audi sur l'autoroute A-4 à proximité de Forbach le 17 septembre 2012[23]).

Elles peuvent aussi voyager via les réseaux de bus internationaux, dissimulées dans des bagages sous la responsabilité de mules. Le réseau européen des lignes internationales est très dense. La principale compagnie dessert 33 pays à partir ou à destination de la France. La plupart des pays des Balkans sont desservis directement (Bosnie-Herzégovine, Croatie, Serbie) ou après escale à la gare routière de Belgrade (Ancienne République Yougoslave de Macédoine, Kosovo[24], Monténégro[25]).

Cette compagnie dessert 96 destinations en France, ce qui rend très difficiles les contrôles pour les forces de sécurité intérieure et la douane. En effet, un passager effectuant la liaison Belgrade/Paris peut quitter le bus lors des escales à Strasbourg, Metz ou Reims, ou remettre le sac contenant une ou des armes lors d'une escale et poursuivre son chemin jusqu'à Paris. Dans ce cas, cela ferait échec au ciblage car le contrôle à l'arrivée ne permettrait pas de découvrir les armes qui auraient été remises lors de l'arrêt d'un bus à un complice ou une personne désignée par l'organisation criminelle.

## 2. Le financement des acquisitions d'armes, de munitions et d'explosifs : la difficulté de détecter les signaux faibles

Une étude réalisée sur les 40 complots terroristes les plus significatifs en Europe de l'Ouest entre 1994 et 2013[26] (nombre total de complots étudiés : 123) a démontré que 75 % des projets avaient nécessité moins de 10.000 US dollars de fonds. Le financement n'est donc pas vraiment un problème, les terroristes étant plutôt confrontés à l'accès aux armes sans éveiller les soupçons sur la nature des actes qui seront commis avec ces armes. Ces constats faits par Émilie OFTEDAL s'appliquent également aux attentats les plus meurtriers commis en France en 2015 et en 2016.

---

[23] Documentation personnelle du rédacteur qui a dirigé cette enquête de police judiciaire.

[24] Au sens de la Résolution 1244 (1999) adoptée par le Conseil de sécurité des Nations unies à sa 4011e séance le 10 juin 1999, http://www.un.org/fr/documents/view_doc.asp?symbol=S/RES/1244(1999)

[25] Site Internet *Eurolines :* http://www.eurolines.fr/fr/destinations-voyage-bus/destination-voyage-bus-europe/

[26] E. OFTEDAL, "The financing of djihadi terrorist cells in Europe", *Norwegian Defence Research Establishment* (FFI), janvier 2015, https://www.ffi.no/no/Rapporter/14-02234.pdf

En effet, le coût du financement des achats des armes et munitions utilisées lors des attentats de janvier 2015 est resté très limité (2.1.) et les terroristes ont utilisé des sources de financement difficiles à détecter pour les services de lutte anti-terroriste (2.2.). La détection des mouvements de fonds et des autres signaux faibles est donc un vrai défi pour les services de lutte contre le terrorisme (2.3.).

### 2.1. Estimation du coût des armes et munitions utilisées en janvier 2015

Les auteurs de l'attentat contre le journal « Charlie Hebdo » disposaient des armes et munitions suivantes[27] :

- 2 fusils d'assaut *Zastava* M-70 : 6.000 euros (2 x 3.000) ;
- 2 pistolets automatiques *Tokarev* TT-33 : 3.600 euros (2 x 1.800) ;
- 1 lance-roquette *Zolja* M-80 : 4.000 euros ;
- 9 grenades fumigènes : 270 euros (9 x 30) ;
- des munitions de calibres 7,62 et 9 mm : 300 euros (estimation : 900 cartouches).

Le coût total peut être estimé à 14.170 euros. Cette estimation est basée sur les prix moyens d'acquisition au marché noir en France, éléments tirés de nos entretiens avec des policiers spécialisés français et serbes.

[27] « Charlie Hebdo : l'arsenal des terroristes était facile à se procurer », site internet *L'Obs*, 11 janvier 2015, https://www.nouvelobs.com/charlie-hebdo/20150111.OBS9699/charlie-hebdo-l-arsenal-des-terroristes-etait-facile-a-se-procurer.html

L'auteur des attentats commis à Montrouge et à Paris, les 8 et 9 janvier 2015, disposait des armes et munitions suivantes[28] :

- 2 fusils d'assaut VZ-58 : 3.000 euros (2 x 1.500) ;
- 6 pistolets automatiques *Tokarev* TT-33 : 3.600 euros (2 x 1.800) ;
- 1 revolver *Nagant* : 1.000 euros ;
- des munitions 7,62 et 9 mm : 375 euros (275 cartouches de 7,62 mm et 300 cartouches de 9 mm).

Le coût total peut être estimé à 7.975 euros. Cette estimation est basée sur les prix moyens d'acquisition au marché noir en France, éléments tirés de nos entretiens avec des policiers spécialisés français et serbes et de l'étude d'un jugement du Tribunal de grande instance de Lille en date du 9 octobre 2017[29]. Dans cette affaire de trafic d'armes, 10 personnes étaient impliquées pour un total de 470 armes vendues sur le marché noir. L'enquête avait permis d'établir que 1 fusil d'assaut VZ-58 et 5 pistolets *Tokarev* TT-33 utilisés par le terroriste provenaient de ce réseau de trafic d'armes.

Ces deux exemples démontrent que le coût d'achat des armes et des munitions est relativement peu élevé et donc facile à financer pour les terroristes.

### 2.2. Les principales sources de financement

Dans son étude réalisée sur les 40 complots terroristes les plus significatifs en Europe de l'Ouest entre 1994 et 2013 Émilie OFTEDAl a démontré que les sources de financement étaient multiples[30]. Au moins 15 sources de financement ont été découvertes, les plus courantes étant les avoirs personnels (économies, salaires, prestations sociales – dans 58 % des 40 complots terroristes les plus significatifs

---

[28] « Les armes des Kouachi et de Coulibaly viendraient de Belgique », site internet *Le Parisien*, 14 janvier 2015, http://www.leparisien.fr/faits-divers/charlie-hebdo-les-kouachi-et-coulibaly-auraient-achete-leurs-armes-en-belgique-14-01-2015-4446379.php ;
« Sur la piste des armes utilisées par Coulibaly et les frères Kouachi », *Objectif sécurité.be*, 2017, http://objectifsecurite.be/objectif-s-curit/sur%20la%20piste%20des%20armes%20utilis%C3%A9es%20par%20coubaly%20et%20les%20fr%C3%A8res%20kouachi.html

[29] Jugement en date du 9 octobre 2017, c. CH et 9 autres prévenus, TGI de Lille, 2017-6070 MD.

[30] E. OFTEDAL, "The financing of djihadi terrorist cells in Europe", *Norwegian Defence Research Establishment* (FFI), janvier 2015. p. 16, https://www.ffi.no/no/Rapporter/14-02234.pdf

étudiés) ; les vols et vols à main armée (28 %) ; le commerce illicite (véhicules, marchandises, armes, drogue – 28 %) ; le financement par des organisations terroristes (25 %).

Deux items, qui ont constitué les principales sources de financement des attentats de janvier 2015, seront évoqués ci-dessous :

**- Le commerce illicite, en particulier la vente de contrefaçon :**

La vente de contrefaçon est une source intéressante pour financer une activité terroriste. En effet, il est relativement facile de commander les marchandises sur Internet ou sur le Darknet et de se faire livrer en utilisant des prête-noms et des adresses fictives.

Les risques encourus sont donc faibles : faible probabilité d'être détecté lors de la livraison des colis (20 millions de colis Chronopost arrivent chaque année à Roissy, dont 2 à 3 % seulement sont contrôlés par les douanes)[31] et, en cas de détection, faible risque judiciaire (possibilité de transaction douanière, peine très réduite dans le Code pénal : contrefaçon en bande organisée – délit, 7 ans d'emprisonnement et 750.000 euros d'amende[32] *versus* importation et exportation de stupéfiants en bande organisée - crime ; 30 ans de réclusion criminelle et 7.500.000 euros d'amende[33]).

Cette faiblesse du risque, en particulier pour le délit simple de vente de marchandise sous une marque contrefaisante (3 ans d'emprisonnement et 300.000 euros d'amende)[34], est à mettre en perspective avec l'importance des gains potentiels.

Ce mode de financement est un vrai défi pour les services de lutte contre le terrorisme : comment identifier et isoler des mouvements de fonds qui peuvent être limités dans le temps et pour des sommes relativement réduites ?

---

[31] « Les douanes traquent sans relâche les colis suspect chez Chronopost », *Le Parisien*, 18 mars 2015, http://www.leparisien.fr/espace-premium/seine-et-marne-77/les-douanes-traquent-sans-relache-les-colis-suspects-chez-chronopost-18-03-2015-4612935.php

[32] Article L. 716-9 et L. 716-10 du Code de la propriété intellectuelle modifiés par l'article 44 de la loi n° 2016-731 du 3 juin 2016 renforçant la lutte contre le crime organisé, le terrorisme et leur financement et améliorant l'efficacité de la procédure pénale.

[33] Article 222-36 du Code pénal, https://www.legifrance.gouv.fr/affichCodeArticle.do?cidTexte=LEGITEXT000006070719&idArticle=LEGIARTI000006417719&dateTexte=

[34] Article L. 716-10 du Code de la propriété intellectuelle, https://www.legifrance.gouv.fr/affichCodeArticle.do?cidTexte=LEGITEXT000006069414&idArticle=LEGIARTI000028716941

Ainsi, un des auteurs des attentats de janvier 2015 avait envoyé via Western Union plus de 8 000 euros en Chine entre 2012 et 2014 afin d'acheter des chaussures de sport contrefaites qui étaient ensuite revendues en France contre des espèces[35]. Ce montant cumulé, qui reste limité, a pourtant certainement généré des ressources en espèces importantes lors de la revente clandestine des contrefaçons en France.

**- L'utilisation de crédits à la consommation :**

L'utilisation des crédits à la consommation est également un moyen qui permet d'obtenir facilement de l'argent pour financer un attentat. Cette technique, par la production de faux justificatifs de revenus en particulier, permet d'obtenir aisément plusieurs dizaines de milliers d'euros. Elle a été utilisée pour financer les attentats de janvier 2015. L'auteur de l'attaque contre le supermarché « *hyper cacher* » avait obtenu ainsi 27.000 euros pour acheter un véhicule qu'il avait immédiatement revendu contre des espèces et un prêt de 6.000 euros en décembre 2014[36] auprès d'un établissement de crédit en ligne.

Pourtant quelques vérifications simples sur les justificatifs fournis, dans le cadre de l'obligation de vigilance d'un établissement de crédit, peuvent permettre de détecter les faux documents : numéro d'employeur non attribué sur les fiches de salaires, salaire déclaré ne correspondant pas aux standards de l'emploi, recoupement des fiches de salaires avec les extraits de comptes bancaires.

Le 4 avril 2018, une connexion à un site de crédit en ligne a permis d'obtenir un crédit à la consommation de 6.000 euros en seulement cinq minutes auprès d'un établissement spécialisé. À aucun moment il n'a été indiqué les justificatifs à produire et un avis mentionnant que ce crédit était accordé a été réceptionné en moins de 5 minutes par mail. Ce mail indiquait un contact à venir avec un conseiller pour finaliser le dossier (demande de 6000 euros remboursables sur 48 mois sur la base des éléments fictifs suivants : salaire mensuel déclaré : 2.500 euros ; loyer de 350 euros ; pas d'autre crédit en cours ; célibataire résidant à La Rochelle et employé dans un garage automobile – 48 mensualités de 174,37 euros – TEG : 12,95 % ; pas de frais de dossier). Lors de la validation du dossier il aurait été très

---

[35] « Terrorisme : la chasse au cash », site internet *L'Obs*, https://www.nouvelobs.com/justice/20150316.OBS4746/terrorisme-la-chasse-au-cash.html

[36] « Comment Amedy Coulibaly a contracté un crédit pour financer ses actes », site internet *Le Figaro.fr*, 16 janvier 2015, http://www.lefigaro.fr/conso/2015/01/16/05007-20150116ARTFIG00282-comment-amedy-coulibaly-a-contracte-un-credit-pour-financer-ses-actes.php

facile de produire des bulletins de salaires et un avis d'imposition confirmant ces fausses informations (volontairement la rubrique numéro de téléphone de l'employeur n'a pas été complétée mais cela n'a pas bloqué la procédure).

Cet exemple souligne la difficulté, pour les établissements de crédit, de mise en œuvre des mesures de vigilance face, d'une part, à l'augmentation des souscriptions de crédits à la consommation (plus de 7 millions de ménages ont souscrit un nouveau crédit à la consommation en France en 2017)[37] et, d'autre part, à la facilité avec laquelle une personne ayant une maîtrise minimum d'internet peut produire de faux justificatifs.

### 2.3. Comment détecter et interpréter les signaux faibles

Nous avons vu que le financement des achats d'armes et de munitions ne nécessitaient pas de réunir des sommes importantes. L'utilisation de modes de financement simples permet de réunir facilement plusieurs milliers d'euros.

Comment les services de lutte contre le terrorisme peuvent-ils isoler ou s'intéresser à des mouvements de fonds de montants réduits, dans un environnement de criminalité de droit commun, qui pourtant peuvent constituer des flux illicites destinés au financement d'achats d'armes, de munitions ou d'explosifs ?

La première réponse se trouve dans la montée en puissance du renseignement financier. Une division spécialisée dans la lutte contre le financement du terrorisme a été créée en octobre 2015 au sein de TRACFIN[38]. Cette division a analysé les 1.117 informations relevant du financement présumé du terrorisme reçues au cours de l'année 2016 et elle a transmis 396 notes « lutte contre le financement du terrorisme » vers les services de la communauté du renseignement (352) et l'autorité judiciaire ou les services de police judiciaire (44)[39]. Le travail d'analyse de cette division est facilité depuis 2016 par un

---

[37] Observatoire des crédits aux ménages, Fédération Française Bancaire, 30e rapport annuel, 25 janvier 2018, p. 4, http://www.fbf.fr/fr/files/AVBKDP/Tableau-de-bord-observatoire-credits-menages-2017.pdf

[38] Traitement du renseignement et action contre les circuits financiers clandestins, Cellule française de lutte contre le blanchiment de capitaux et le financement du terrorisme, https://www.economie.gouv.fr/tracfin/accueil-tracfin

[39] Rapport annuel d'activité 2016, TRACFIN, Paris, juillet 2017, p. 65, https://www.economie.gouv.fr/files/ra-tracfin-2016.pdf

accès direct en consultation du fichier des personnes recherchées[40] (FPR) et du traitement des antécédents judiciaires[41] (TAJ).

Toutefois, la hausse continue des obligations de signalement qui pèsent sur les professionnels semble provoquer un phénomène de dégradation de la qualité des informations qui sont transmises à TRACFIN. Dans son rapport d'activité pour l'année 2016, TRACFIN souligne la « dégradation de la pertinence des signalements et un appauvrissement sensible du travail d'analyse » effectué en amont des signalements[42].

Une deuxième piste est à chercher du côté du renseignement territorial (RT) qui est chargé « de la recherche, de la centralisation et de l'analyse des renseignements destinés à informer le Gouvernement et les représentants de l'État dans les collectivités territoriales de la République dans les domaines institutionnel, économique et social ainsi que dans tous les domaines susceptibles d'intéresser l'ordre public, notamment les phénomènes de violence »[43]. En lien avec les services chargés de la lutte contre le terrorisme et sans préjudice de leurs attributions, le RT contribue également à la mission de prévention du terrorisme[44].

Dans le cadre de ses missions, le RT travaille sur les dérives urbaines et la prévention du terrorisme au cœur des quartiers touchés par la criminalité de droit commun et les phénomènes de radicalisation violente. Il peut ainsi percevoir des signaux faibles et recueillir des renseignements sur des délinquants de droit commun impliqués dans

---

[40] Décret n° 2016-1523 du 10 novembre 2016, https://www.legifrance.gouv.fr/eli/decret/2016/11/10/ECFT1608399D/jo

[41] Loi n° 2016-731 du 3 juin 2016 renforçant la lutte contre le crime organisé, le terrorisme et leur financement, et améliorant l'efficacité et les garanties de la procédure pénale, https://www.legifrance.gouv.fr/affichTexte.do?cidTexte=JORFTEXT000032627231&categorieLien=id

[42] Rapport annuel d'activité 2016, TRACFIN, Paris, juillet 2017, p. 14, https://www.economie.gouv.fr/files/ra-tracfin-2016.pdf

[43] Décret n° 2013-728 du 12 août 2013 portant organisation de l'administration centrale du ministère de l'Intérieur, art. 21, https://www.legifrance.gouv.fr/affichTexteArticle.do?cidTexte=JORFTEXT000027838041&idArticle=JORFARTI000027838081&categorieLien=cid

[44] Décret n° 2013-728 du 12 août 2013 portant organisation de l'administration centrale du ministère de l'Intérieur, art. 21, modifié par le décret n° 2015-923 du 27 juillet 2015, art. 1, https://www.legifrance.gouv.fr/affichTexteArticle.do?cidTexte=JORFTEXT000027838041&idArticle=JORFARTI000027838081&categorieLien=cid

les trafics d'armes et sur des profils hybrides[45] particulièrement dangereux. En effet, comme le souligne l'essayiste Jean-François GAYRAUD, « un même individu ou une même organisation peut à la fois relever de l'attention des services de contre-terrorisme, de douanes ou de lutte contre le crime organisé, ou de la délinquance de rue »[46].

La troisième piste est le lancement de la police de sécurité du quotidien (PSQ), dont les objectifs sont notamment de développer davantage les contacts avec les polices municipales et de disposer de plus de temps pour les contacts avec la population[47]. La mise en œuvre de cette réforme devrait permettre de collecter plus de renseignements opérationnels et de mieux repérer les signaux faibles dans les quartiers.

*

La lutte contre le financement des actions terroristes endogènes est un vrai défi pour les services de lutte contre le terrorisme, qui doivent faire face à une augmentation exponentielle des suspects à surveiller et à la possibilité de rassembler facilement quelques milliers d'euros pour acheter des armes et munitions.

Cette difficulté est accentuée par les phénomènes d'hybridation qui complexifient l'analyse et la distinction entre le délinquant de droit commun et le terroriste potentiel. La frontière n'est plus étanche et cela rend d'autant plus difficile la distinction de mouvements financiers suspects. Ainsi un des auteurs des attentats de janvier 2015, qui était suivi par des services de police, a été considéré comme potentiellement moins dangereux car sa surveillance avait établi qu'il achetait et revendait des contrefaçons. Le lien n'avait pas été fait entre cette activité, considérée comme relevant de la délinquance de droit commun, et un potentiel financement d'une activité terroriste[48].

---

[45] En zoologie, un hybride désigne un animal issu d'un croisement entre deux espèces différentes.

[46] J.-F. GAYRAUD, *Théorie des hybrides – Terrorisme et crime organisé*, CNRS éditions, novembre 2017, p.164.

[47] « Pourquoi créer la police de sécurité du quotidien », site Internet du ministère de l'Intérieur, https://www.interieur.gouv.fr/Actualites/Police-de-securite-du-quotidien/Pourquoi-creer-la-police-de-securite-du-quotidien

[48] « Frères Kouachi : révélations au Yémen », site Internet *L'express*, https://www.lexpress.fr/actualite/societe/enquete/attaques-terroristes-a-paris-le-yemen-au-coeur-de-l-enquete_1639417.html

Ce dernier point rappelle l'importance des instances de coordination et d'échanges d'informations pour les services en charge de la lutte contre le terrorisme. En effet, la coordination entre les services est un enjeu prioritaire et le renforcement des échanges depuis les attentats de 2015 s'est traduit par la multiplication des officiers de liaison entre les différents services ainsi que par des structures communes au niveau national, zonal et départemental.

**20 avril 2018**

# La lutte contre le financement du terrorisme par les professionnels : le cas du banquier

**Jérôme LASSERRE CAPDEVILLE**

*Maître de conférences HDR, Université de Strasbourg*

**1.** La lutte contre le terrorisme, sous toutes ses formes, est devenue aujourd'hui une préoccupation majeure dans notre pays, durement touché par les attentats ces dernières années. On ne sera donc pas surpris de constater que cette lutte s'exerce également contre son financement.

**2.** S'attaquer au financement du terrorisme est plus qu'utile ; c'est une nécessité. Comme toute activité humaine, le terrorisme a besoin de ressources financières pour parvenir à ses fins. Dès lors, en asséchant financièrement ses réseaux, on peut espérer limiter leur capacité de nuisance. Rappelons que les terroristes auraient eu besoin de 25.000 euros pour organiser les attentats de janvier 2015 contre *Charlie hebdo* et l'*Hyper Cacher*. Les évènements tragiques du 13 novembre 2015 à Paris auraient nécessité, quant à eux, une somme de 80.000 euros pour leur mise en œuvre.

**3.** Cette lutte contre le financement du terrorisme pourrait se faire par l'intermédiaire du droit pénal. Rappelons ainsi que, depuis la loi n° 2001-1062 du 15 novembre 2001 relative à la sécurité quotidienne[1], l'article 421-2-2 du Code pénal réprime spécifiquement le financement du terrorisme[2]. D'autres infractions sont également

---

[1] *JO*, 16 nov. 2001, p. 18215. - Cette volonté de lutter contre le financement du terrorisme est née après les attentats du 11 septembre 2001 aux États-Unis. L'incrimination résulte ainsi d'un amendement du gouvernement. Notons que son échéance avait été fixée à l'origine au 31 décembre 2003. C'est pour cette raison que l'article 421-2-2 a vu son contenu être pérennisé par la loi n° 2003-239 du 18 mars 2003 (*JO*, 19 mars 2003, p. 4761).

[2] L'infraction est punie, par l'article 421-5 du Code pénal, de 10 ans d'emprisonnement et de 225.000 euros d'amende. – Sur ce délit, J. ALIX, « Les incriminations de financement du terrorisme en droit français », V. cet ouvrage, p. 45 et s.

susceptibles, en fonction des circonstances, de jouer[3]. En pratique, toutefois, il est peu fréquent que ces incriminations soient retenues par les juges[4].

**4.** Il est vrai que ce régime pénal s'est rapidement vu préférer d'autres outils jugés plus utiles et efficaces. En effet, parce qu'il s'accompagne de nombreuses garanties (preuve, règles de procédure, etc.) le droit pénal a été délaissé au profit d'un autre droit tout aussi répressif mais non pénal : le droit administratif[5], sous la forme des procédures de gel des avoirs[6].

**5.** Mais ces modes de lutte, qu'ils soient pénaux ou administratifs, ne peuvent logiquement s'envisager que si un cas de financement du terrorisme a été préalablement détecté. Or, s'il y a une profession qui est à même de constater des transferts de fonds à destination, éventuellement, de personnes ayant des activités terroristes, c'est bien celle de banquier. En effet, par la tenue des comptes il peut observer, assez aisément, la finalité d'un certain nombre de paiements effectués.

**6.** Dès lors, la loi n° 90-614 du 12 juillet 1990 relative à la participation des organismes financiers à la lutte contre le blanchiment des capitaux provenant du trafic de stupéfiants[7], est venue créer un système de contrôle des opérations financières, de prévention et de

---

[3] Songeons, notamment, au délit d'initié commis en relation avec une entreprise individuelle ou collective ayant pour but de troubler gravement l'ordre public par l'intimidation ou la terreur (C. mon. fin., art., L. 465-1 à L. 465-3 et C. pénal., art. 421-1, 7°), aux délits d'extorsion, de blanchiment ou de recel commis dans les mêmes circonstances (C. pénal, art. 421-1, 2°, 5° et 6°), à l'exercice illégal de la profession de banquier (C. mon. fin., art. L. 511-5 et L. 571-3) ou encore à la non-justification de ressources en étant en relations habituelles avec une personne se livrant à un acte terroriste (C. pénal, art. 421-2-3).

[4] Concernant l'article 421-2-2 du Code pénal, on peut néanmoins citer, Cass. crim., 12 avr. 2005, n° 04-82.264 : *Bull. crim.* 2005, n° 127. – Cass. crim., 10 avr. 2013, n° 12-82.088. – Cass. crim., 21 mai 2014, n° 13-83.758, *Association CCK Ahmet Kaya* : *Bull. crim.* 2014, n° 136 ; *dalloz.fr, actualité*, 3 juin 2014, obs. M. BOMBLED ; *AJ Pénal* 2014, p. 528, note P. DE COMBLES DE NAYVES ; *Dr. Pénal* 2014, comm. 106, obs. M. VÉRON ; *Gaz. Pal.*, 27-29 juill. 2014, p. 26, obs. E. DREYER. – Cass. crim., 18 févr. 2015, n° 14-80.267. – CA Paris, 16 févr. 2006 : JurisData n° 2006-306160. – CA Paris, 22 févr. 2012, n° 09/13096. – CA Paris, 23 avr. 2013, n° 12/00474. – Concernant la libération conditionnelle d'une personne condamnée, notamment, pour financement d'entreprise terroriste, CA Paris, 22 juill. 2010, n° 10/06041 : JurisData n° 2010-014852.

[5] J. LASSERRE CAPDEVILLE, « L'émergence d'un droit répressif pour lutter contre le financement du terrorisme », *in* J. ALIX (dir.), O. CAHN (dir.), *L'hypothèse de la guerre contre le terrorisme*, éd. Dalloz, coll. Thèmes et commentaires, 2017, p. 168, n° 22 et s.

[6] V. *infra*, n° 21 et s.

[7] *JO*, 14 juill. 1990, p. 8329.

détection des activités de blanchiment à la charge des professionnels de la banque. Cet encadrement a fait l'objet, par la suite, d'un grand nombre d'évolutions, notamment en raison de la transposition successive de plusieurs directives européennes de lutte contre le blanchiment de capitaux. C'est ainsi, plus particulièrement, que la loi n° 2004-204 du 9 mars 2004 portant adaptation de la justice aux évolutions de la criminalité[8], dite loi « Perben 2 », a étendu le régime en question au financement du terrorisme. Dernièrement encore, l'ordonnance n° 2016-1635 du 1er décembre 2016 renforçant le dispositif français de lutte contre le blanchiment et le financement du terrorisme[9] a transposé en droit français le contenu de la directive n° 2015/849/UE du 20 mai 2015 relative à la prévention de l'utilisation du système financier aux fins de blanchiment de capitaux ou du financement du terrorisme, dite « 4e directive anti-blanchiment »[10]. Cette législation connaîtra d'ailleurs prochainement de nouvelles évolutions, dans la mesure où le Parlement européen a adopté, le 19 avril 2018, une « 5e directive anti-blanchiment ».

**7.** Deux questions peuvent alors se poser ici : quels sont aujourd'hui les moyens de lutte à la disposition du banquier en matière de lutte contre le financement du terrorisme et quels en sont les résultats ? Nous tâcherons de répondre, successivement, à ces deux interrogations ô combien importantes.

## I. Les moyens de lutte du banquier contre le financement du terrorisme

**8.** Le législateur a prévu une collaboration active de certains professionnels avec les autorités publiques pour lutter efficacement, non seulement contre le blanchiment de capitaux, mais aussi contre le financement du terrorisme. Le banquier est, logiquement, le premier professionnel visé par cette lutte. Son rôle se situe d'ailleurs à plusieurs niveaux : d'une part, il permet la détection de cas de financement du terrorisme (A) et, d'autre part, il met en œuvre les règles relatives au gel des avoirs des personnes soupçonnées d'intervenir en matière de terrorisme (B).

---

[8] *JO*, 10 mars 2004, p. 4567.

[9] *JO*, 2 déc. 2016, texte n° 14. – La loi a été complétée, récemment, par le décret n° 2018-284 du 18 avril 2018 renforçant le dispositif français de lutte contre le blanchiment de capitaux et le financement du terrorisme : JO, 20 avr. 2018, texte n° 28. – C. CUTAJAR, « Le décret d'application de l'ordonnance du 1er décembre 2016 transposant le quatrième directive anti-blanchiment enfin publié », *JCP G* 2018, n° 19-20, 538.

[10] *JOUE*, L. 141, 6 juin 2015, p. 73.

### A. La détection des cas de financement du terrorisme

**9.** Les établissements de crédit se voient imposer un certain nombre d'obligations, et plus particulièrement un devoir de vigilance (1) et de déclaration (2), de nature à permettre la détection de cas de financement du terrorisme[11]. Les manquements en la matière sont de nature à être sanctionnés disciplinairement par l'Autorité de contrôle prudentiel et de résolution (ACPR)[12].

#### 1. L'obligation de vigilance du banquier

**10.** L'obligation de vigilance, mentionnée par les articles L. 561-5 et suivants du Code monétaire et financier, a pour but de permettre aux personnes assujetties, et notamment aux banquiers, de détecter des anomalies qui devront faire l'objet d'investigations et déboucher, le cas échéant, sur une déclaration de soupçon. Cette obligation n'a cessé de s'étoffer au fil des réformes et, disons-le, de se complexifier. Ainsi, depuis l'ordonnance n° 2009-104 du 30 janvier 2009[13], le Code retient une démarche graduée dans la logique de la directive transposée : la vigilance imposée aux professionnels dépend du risque de blanchiment attaché au profil des clients, des produits et des opérations concernés. Pour résumer, l'obligation de vigilance « standard » peut donner lieu à des « modulations ».

**11.** S'agissant de la vigilance standard, tout d'abord, le Code monétaire et financier prévoit clairement deux exigences à la charge des professionnels : une première *ab initio,* avant l'entrée en relation d'affaires avec la clientèle, et une seconde dans le suivi des clients et des opérations qu'ils conduisent. D'une part, avant l'entrée en relation d'affaires, l'article L. 561-5 du Code déclare que le professionnel doit identifier son client et, le cas échéant, le bénéficiaire effectif de la

---

[11] Les professionnels assujettis sont également tenus de mettre en place des procédures et un contrôle interne afin d'assurer l'efficacité des mesures de prévention que constituent les devoirs de vigilance et de déclaration. L'article L. 561-32 impose ainsi l'instauration de « *systèmes d'évaluation et de gestion des risques de blanchiment des capitaux et de financement du terrorisme* ». Les conditions d'application sont définies par l'article R. 561-38 du Code monétaire et financier, lui-même précisé par l'arrêté du 3 novembre 2014 relatif au contrôle interne des entreprises du secteur de la banque, des services de paiement et des services d'investissements soumises au contrôle de l'Autorité de contrôle prudentiel et de résolution (*JO*, 5 nov. 2014, p. 18598).

[12] C. mon. fin., art. L. 561-36. Rappelons qu'outre des sanctions disciplinaires (avertissement, blâme, interdiction d'exercer certaines opérations, etc.), l'ACPR peut infliger à l'établissement de crédit fautif une sanction pécuniaire « *au plus égale à cent millions d'euros ou à 10 % du chiffre d'affaires annuel net* » (C. mon. fin., art. L. 612-39).

[13] *JO*, 31 janv. 2009, p. 1819.

relation nouée ou de l'opération sollicitée. Pour mémoire, constitue un bénéficiaire effectif d'une opération la personne physique qui contrôle, directement ou indirectement, le client ou la personne pour laquelle une opération est exécutée ou une activité réalisée[14]. Aujourd'hui, la détermination de ce bénéficiaire effectif est devenue une priorité comme en témoignent l'ordonnance n° 2016-1635 du 1er décembre 2016[15] et les décrets n° 2017-1094 du 12 juin 2017 et n° 2018-284 du 18 avril 2018[16].

**12.** D'autre part, en cours de relation d'affaires, la vigilance professionnelle, que la loi veut constante, consiste en une double exigence de « *connaissance actualisée* » du client et d'« *examen attentif des opérations effectuées* », afin que l'assujetti soit toujours en mesure d'évaluer la cohérence des opérations en question au regard de la connaissance qu'il a du client[17]. Les éléments d'identification doivent donc être actualisés lorsqu'il apparaît qu'ils sont devenus inexacts, par exemple à la suite d'un changement de domicile ou d'activité. Bien évidemment, si un banquier n'est pas en mesure d'identifier son client ou d'obtenir des informations sur l'objet et la nature de la relation d'affaires, il ne doit exécuter aucune opération « *quelles qu'en soient les modalités* », et ne doit établir ni poursuivre aucune relation d'affaires[18].

**13.** Cette obligation de vigilance peut connaître, ensuite, des « modulations » en fonction du risque de blanchiment ou de financement du terrorisme. Elle pourra ainsi être, au gré des circonstances, atténuée, renforcée, ou encore accompagnée de mesures de vigilance complémentaires. Tout dépendra du risque en question.

---

[14] C. mon. fin., art. L. 561-2-2. – V. également C. mon. fin., art. R. 561-1 à R. 561-3.

[15] Il est notamment attendu de leur part un dépôt au greffe du tribunal, pour être annexé au registre du commerce et des sociétés, d'un document relatif au bénéficiaire effectif contenant des éléments d'identification et le domicile personnel de ce dernier ainsi que les modalités du contrôle qu'il exerce. – B. ZABALA et A. ROHMERT, « Le régime des bénéficiaires effectifs appliqués aux sociétés », *JCP E* 2017, 1585. - J. LASSERRE CAPDEVILLE, « L'identification du bénéficiaire effectif en droit des sociétés », *Revue des sociétés*, janvier 2018, n° 1, p. 7.

[16] *JO*, 20 avr. 2018, texte n° 28. – B. DONDÉRO, « Le décret n° 2018-284 du 18 avril 2018 renforçant le dispositif français de lutte contre le blanchiment de capitaux et le financement du terrorisme : les dispositions sur les bénéficiaires effectifs », *JCP E* 2018, n° 19, act. 354. – J. LASSERRE CAPDEVILLE, « Nouveau décret du 18 avril 2018 à propos de l'identification du bénéficiaire effectif », *Revue des sociétés* 2018, n° 7-8, p. 42.

[17] C. mon. fin., art. L. 561-6, al. 2.

[18] C. mon. fin., art. L. 561-8.

**14.** Prenons le cas de la vigilance renforcée, visée aux articles L. 561-10-1 et L. 561-10-2 du Code monétaire et financier. Elle se rencontre notamment en présence d'opérations particulièrement complexes ou d'un montant « *inhabituellement élevé ou ne paraissant pas avoir de justification économique ou d'objet licite* ». Dans de tels cas, l'examen renforcé consistera, pour le professionnel assujetti, à se renseigner auprès du client sur l'origine des fonds et la destination des sommes ainsi que sur l'objet de l'opération et l'identité de la personne qui en bénéficie.

**15.** De même, entre l'obligation « standard » et l'obligation « renforcée », le Code monétaire et financier prévoit des cas pour lesquels le professionnel doit appliquer des « mesures de vigilance complémentaires » en plus de l'obligation de vigilance standard, impliquant un durcissement des obligations d'identification et de recueil d'informations dans certaines circonstances précises. L'objectif est ici de couvrir différents risques, tels que l'entrée en relation avec des personnes qui dissimulent leur véritable identité, l'opacité sur l'identité des bénéficiaires effectifs, ou encore le blanchiment de produits de la corruption dans le cas des « personnes politiquement exposées ». Notre droit régit ainsi, de façon spécifique, un grand nombre de cas.

### 2. L'obligation de déclaration du banquier

**16.** Le secret bancaire n'est pas un principe absolu. Un certain nombre d'exceptions sont prévues par notre droit en la matière, notamment pour préserver l'intérêt public. Il en va de la sorte pour lutter efficacement contre le blanchiment d'argent et le financement du terrorisme. C'est ainsi que depuis la loi n° 90-614 du 12 juillet 1990 le professionnel de la banque est tenu d'effectuer des déclarations, dans certaines circonstances, à un organisme particulier, TRACFIN[19], qui est la cellule française de lutte contre le blanchiment d'argent et, aujourd'hui, le financement du terrorisme.

**17.** Désormais, l'article L. 561-15 du Code monétaire et financier prévoit ainsi à la charge de différents professionnels, et notamment les établissements de crédit, l'obligation de déclarer à TRACFIN « *les sommes inscrites dans leurs livres ou les opérations portant sur des sommes dont elles savent, soupçonnent ou ont de bonnes raisons de soupçonner qu'elles proviennent d'une infraction passible d'une peine privative de liberté supérieure à un an ou sont liées au financement du*

[19] Traitement du Renseignement et Action contre les Circuits FINanciers clandestins.

*terrorisme* ». Cette obligation de déclaration est donc très large, la plupart des infractions susceptibles de générer des profits étant sanctionnées d'un emprisonnement supérieur à un an (escroquerie, vol, abus de confiance, extorsion, etc.). La fraude fiscale est d'ailleurs également concernée par cette déclaration, même si le régime juridique qui lui est applicable présente quelques particularités.

**18.** En principe, la déclaration est établie par écrit. Elle doit alors comporter un certain nombre de mentions[20], et notamment les éléments d'identification du client et du bénéficiaire effectif de l'opération ou encore un descriptif de l'opération. La déclaration est accompagnée, le cas échant, de toute pièce utile à son exploitation par TRACFIN.

**19.** Notons que l'article L. 561-15-1, modifié par la loi n° 2013-672 du 26 juillet 2013[21], prévoit désormais des cas de déclaration automatique. On parle ici de « Communications systématiques d'informations » (COSI)[22]. Il en va ainsi, selon l'article R. 561-31-2, en cas de versements en espèces effectués sur un compte de dépôt ou de paiement ouvert au nom d'un client et de retraits d'espèces d'un tel compte, « *dont respectivement le montant cumulé sur un mois calendaire dépasse une somme de 10.000 euros* ».

### B. La mise en œuvre des règles relatives au gel des avoirs

**20.** Rappelons succinctement ce que sont ces procédures de gel des avoirs (1), avant d'observer les obligations pesant sur les professionnels de la banque en la matière (2).

#### 1. Les procédures de gel des avoirs

**21.** On a vu se développer au lendemain des attentats du 11 septembre 2001 en droit international[23], mais aussi en droit français avec la loi n° 2006-64 du 23 janvier 2006 **relative à la lutte contre le terrorisme et portant dispositions diverses relatives à la sécurité et aux contrôles frontaliers**[24], des dispositifs de gel administratif des avoirs de personnes physiques ou morales suspectées d'entretenir des liens avec le terrorisme, sans pour autant que ces liens soient susceptibles de recevoir une qualification pénale. Ces dispositifs ont

---

[20] C. mon. fin., art. R. 561-31 et s.
[21] *JO*, 27 juill. 2013, n° 12530.
[22] Rapport d'activité TRACFIN 2017, p. 41 et s.
[23] J. LASSERRE CAPDEVILLE, « L'émergence d'un droit répressif pour lutter contre le financement du terrorisme », *op. cit.*, p. 161 et s.
[24] *JO*, 24 janv. 2006, p. 1129.

pour effet de priver une personne, un organisme ou une entité, atteint par une telle mesure, de son pouvoir de contrôle sur la chose gelée, le plus souvent de l'argent.

**22.** L'encadrement juridique du gel des avoirs ne sera pas repris dans le détail. Ce droit, particulièrement technique, mais également évolutif[25], est déjà présenté dans une autre contribution de cet ouvrage[26]. Il sera simplement rappelé que les personnes qui se voient infliger une telle mesure sont désignées par une organisation internationale (ONU ou UE) ou une autorité administrative (en France, le ministre chargé de l'Économie et le ministre de l'Intérieur).

**23.** Le recours aux procédures de gel des avoirs est aujourd'hui fréquent. Les mesures européennes et nationales de gel des avoirs en cours sont reportées sur des listes fréquemment mises à jour. Or, si l'on observe la liste unique de la direction générale du Trésor, qui mentionne toutes les procédures de gel applicables en France, on peut noter qu'au 13 août 2018 celle-ci comprend 2.338 noms[27]. Ce chiffre est en constante augmentation. Les arrêtés se succèdent en la matière.

### 2. Les obligations du banquier en matière de gel des avoirs

**24.** Le rôle des banquiers est alors important en la matière. Selon l'article L. 562-4, I, du Code monétaire et financier, toute personne assujettie à des obligations en matière de lutte contre le blanchiment de capitaux et le financement du terrorisme, et donc les établissements de crédit, qui « *détient ou reçoit des fonds ou des ressources économiques pour le compte d'un client, est tenue d'appliquer sans délai les mesures de gel et les interdictions de mise à disposition ou d'utilisation* » envisagées par le droit applicable, et d'en informer immédiatement le ministre chargé de l'Économie.

**25.** L'article L. 562-5 du Code monétaire et financier interdit, pour sa part, aux professionnels mentionnés précédemment, et donc toujours aux établissements de crédit, « *de mettre à disposition directement ou indirectement, ou d'utiliser des fonds ou ressources économiques au profit des personnes dont les fonds et ressources économiques font l'objet d'une mesure de gel* […] ». Bien évidemment, et l'article L. 562-6 le rappelle, les intéressés ne sauraient participer, « *sciemment et volontairement, à des activités ayant pour objet ou pour effet de*

---

[25] V. récemment, Ord. n° 2016-1575 du 24 nov. 2016 portant réforme du dispositif de gel des avoirs : JO, 25 nov. 2016, texte n° 7.

[26] J.-B. THIERRY, « Le gel des avoirs », V. cet ouvrage, p. 105 et s.

[27] Bien évidemment, il ne s'agit pas que de personnes concernées par des faits de terrorisme. Les mesures de gel peuvent avoir d'autres causes.

*contourner les mesures prises en vertu du présent chapitre*». Précisons que, pour l'article L. 562-7, les interdictions précitées ne font pas obstacle aux versements de fonds sur les comptes détenus auprès des établissements de crédit, dont les fonds sont gelés en vertu des articles L. 562-2 ou L. 562-3. Les professionnels en question, qui créditent un compte dont les fonds sont gelés, doivent alors en informer sans délai le ministre chargé de l'Économie.

**26.** Sans surprise, le non-respect par un banquier d'une mesure de gel prise dans le cadre des dispositifs précités peut faire l'objet de sanctions pénales[28], mais aussi disciplinaires par l'ACPR[29]. Concernant le droit pénal, l'article L. 574-3 punit des peines prévues au 1 de l'article 459 du Code des douanes, c'est-à-dire de cinq ans d'emprisonnement mais aussi, notamment, de la confiscation du corps du délit, ainsi que d'une amende égale au minimum au montant et au maximum au double de la somme sur laquelle a porté l'infraction ou la tentative d'infraction, le fait pour les dirigeants ou les préposés des organismes financiers et personnes mentionnés à l'article L. 562-4 précité de se soustraire aux obligations en résultant ou de faire obstacle à sa mise en œuvre.

**27.** Ainsi, il découle de ce qui précède que le professionnel de la banque voit peser sur lui plusieurs obligations utiles à la lutte contre le financement du terrorisme, permettant tant la découverte de cas nouveaux, que d'appliquer les mesures de gels des avoirs. Il est ainsi, au moins d'un point de vue légal, un protagoniste essentiel à cette lutte. Mais quels en sont les résultats en pratique ? C'est ce qu'il convient d'observer à présent.

## II. Les résultats de la lutte par le banquier contre le financement du terrorisme

**28.** Si l'on observe les publications de TRACFIN sur son site internet (rapport annuel, chiffres clés, rapport sur les tendances et analyse des risques, etc.), on peut noter que l'impact des banques dans la lutte contre le financement du terrorisme est de plus en plus important (A). Toutefois, il serait erroné de penser que tout est parfait en la matière.

---

[28] Concernant les mesures européennes, C. douanes, art. 459. - Concernant les mesures nationales, C. mon. fin., art. L. 574-3. Aux termes de ce dernier,

[29] ACP, déc. n° 2011-01 du 29 juin 2012, *Banque populaire des Alpes*. - ACP, déc. n° 2011-02 du 24 oct. 2012, *Établissement de crédit A*. - ACP, déc. n° 2011-03 du 27 nov. 2012, *Banque Tejerat Paris*. - ACPR, déc. 2015-01 du 21 mai 2015, *SARL Ambition des frères*.

Un certain nombre d'améliorations utiles demeurent en effet encore attendues (B).

### A. Des résultats globalement positifs

**29.** Aujourd'hui, l'activité bancaire est la profession qui joue le rôle le plus important en termes de détection d'opérations relevant de cas de blanchiment de capitaux ou de financement du terrorisme par l'intermédiaire des déclarations faites à TRACFIN en augmentation constante (1). Concernant plus particulièrement la lutte contre le financement du terrorisme, ces déclarations ont permis, ces derniers mois, de découvrir un certain nombre de faits relevant justement du financement du terrorisme, voire du terrorisme lui-même (2).

#### 1. L'essor des déclarations faites à TRACFIN

**30.** L'importance des banques à l'égard des déclarations reçues par TRACFIN en matière de lutte contre le blanchiment d'argent et le financement du terrorisme est particulièrement évidente, et les chiffres figurant dans le rapport annuel d'activité TRACFIN pour l'année 2017 sont riches d'enseignements sur ce point[30].

**31.** En premier lieu, il est indiqué que le nombre des déclarations connaît, depuis plusieurs années, une véritable « explosion ». En 2008, on comptait ainsi 14.565 déclarations réalisées à TRACFIN par les professionnels assujettis. En 2012, ce chiffre avait quasiment doublé : 26.011 déclarations. Aujourd'hui, c'est à nouveau le cas. Ainsi, pour l'année 2017, le nombre en question a atteint les 68.661 déclarations[31] !

**32.** En second lieu, le rapport d'activité témoigne du fait que sur ces 68.661 déclarations, 46.882 provenaient des établissements de crédit, ce qui est considérable. On peut ajouter que 8.603 émanaient également d'établissements de paiement[32]. D'une façon générale, les déclarations issues des professions financières ont représenté 64.044 déclarations. Les déclarations émanant des professions non financières (notaires, professionnels de l'immobilier, casinos, huissiers, avocats,

---

[30] Rapport d'activité TRACFIN 2017, rendu public le 21 juin 2018.

[31] Rapport d'activité TRACFIN 2017, p. 10.

[32] Les établissements de paiement sont reconnus par notre droit depuis l'ordonnance n° 2009-866 du 15 juin 2009 (*JO*, 16 juill. 2009, p. 11868), ayant transposé en droit interne les dispositions de la directive 2007/64/CE du 13 novembre 2007 concernant les services de paiement dans le marché intérieur, dite « DSP 1 ». Ce sont des personnes morales, autres que des établissements de crédit ou des établissements de monnaie électronique, qui fournissent à titre de profession habituelle les services de paiement mentionnés à l'article L. 314-1 (C. mon. fin., art. 522-1).

etc.) sont donc nettement moins importantes (4.617 au total, dont 1.401 pour les seuls notaires, et 929 pour les casinos).

**33.** Mais qu'en est-il en matière, plus précisément, de lutte contre le financement du terrorisme ? Si l'on observe le rapport d'activité TRACFIN pour l'année 2017, on peut observer que la lutte contre le terrorisme et son financement continue sa montée en puissance[33]. En effet, en 2017, TRACFIN a traité un volume d'informations en constante augmentation. C'est ainsi que 1.379 déclarations de soupçon liées au financement du terrorisme ont été reçues et analysées, contre 1.177 l'année précédente, soit une augmentation de 17 % (entre 2015 et 2016, l'augmentation avait été de 47 %). De plus, et toujours en 2017, TRACFIN a adressé 685 notes « Lutte contre le financement du terrorisme ». Cela constitue une augmentation de + 73 % par rapport à 2016 qui avait comptabilisé 396 transmissions (et qui avait déjà évolué de + 121 % par rapport à 2015 !). Sur ce chiffre de 685, il faut préciser que 459 notes ont été adressées aux services de renseignements et 226 à l'autorité judiciaire ou aux services de police judiciaire en charge de la lutte contre le terrorisme.

### 2. La détection de cas intéressant la lutte contre le terrorisme

**34.** TRACFIN, qui est un service à compétence nationale rattaché au ministre de l'Économie, a pour mission, rappelons-le, d'analyser, enrichir et exploiter tout renseignement propre à établir l'origine ou la destination des sommes ou la nature des opérations ayant fait l'objet d'une déclaration ou d'une information reçue sur les fondements des obligations mentionnées précédemment[34].

**35.** L'exploitation des données reçues, plus particulièrement des banques, permet alors à TRACFIN de détecter plusieurs techniques de financement du terrorisme. Tel est le cas, tout d'abord, pour le financement opéré par des réseaux collecteurs. Ces derniers peuvent ainsi être vus comme des « facilitateurs financiers » qui proposent, dans l'intérêt d'organisations terroristes, toute une série de services, comme par exemple apporter de l'argent directement vers une zone de combat pour en faire bénéficier un combattant, ou encore pour envoyer, par un système de compensation de type *Hawala*, un montant vers la zone de combat[35]. On peut citer, également, le financement du terrorisme par le biais d'associations humanitaires, culturelles ou

---

[33] Rapport d'activité TRACFIN 2017, p. 64.

[34] C. mon. fin., art. L. 561-23.

[35] V. par ex., Rapport d'activité TRACFIN 2017, p. 75. - Rapport d'activité TRACFIN 2016, p. 67.

cultuelles. Plusieurs réseaux ont, de la sorte, été mis à jour ces derniers mois grâce aux déclarations de soupçons de certains établissements de crédit. Le rapport TRACFIN pour l'année 2017[36] mentionne, par exemple, le financement de l'association X. signalée comme proche d'une mouvance religieuse radicale, voire terroriste. Cette dernière, mono-bancarisée, était financée par des dons versés en espèces et chèques (30.000 euros), mais aussi au moyen d'un service de paiement en ligne via son site internet (10.000 euros). L'un des membres du bureau de l'association avait en outre ouvert une cagnotte en ligne dédiée à un projet particulier et avait ainsi récolté près de 8.000 euros. Or, les dons reçus par ces vecteurs financiers n'étaient pas versés à l'association, ni dédiés à l'objet initial de cette dernière. Plus particulièrement, M. A., membre du bureau, avait depuis un autre pays européen ouvert un second compte de paiement en ligne et celui-ci bénéficiait d'une partie des dons initialement affectés sur celui de l'association. M. A. libérait alors les fonds de ce compte « miroir » vers des cartes prépayées étrangères. Il retirait enfin des espèces au moyen de ces cartes prépayées afin de faire parvenir des fonds via des mandats à des djihadistes connus et présents sur zone par l'intermédiaire d'un réseau de collecteurs financiers dévoués à la cause. Or, une telle découverte n'aurait pas pu avoir lieu sans la vigilance des professionnels de la banque.

**36.** Mais l'exploitation des données transmises par les établissements de crédit ne se limite pas à la détection des cas de financement du terrorisme. Elle permet également de constater, parfois, les premiers signaux de radicalisation d'individus ou encore un départ sur les zones de conflit. Un exemple intéressant nous est donné par TRACFIN dans son rapport « tendances et analyse des risques 2016 », rendu public le 12 décembre 2017[37]. En l'occurrence, un établissement de crédit avait contacté TRACFIN pour lui faire part d'un changement récent de comportement d'un client souhaitant quitter la France pour s'installer dans un pays d'Afrique du Nord dont il n'était pas originaire. Il avait été noté que l'individu s'était récemment converti, avait changé d'apparence physique et, surtout, refusait tout contact physique avec les femmes employées par la banque. L'individu, salarié, avait aussi perçu une somme importante de sa société après avoir procédé à une rupture conventionnelle de contrat. Enfin, il avait effectué des

---

[36] Rapport d'activité TRACFIN 2017, p. 24.

[37] TRACFIN, Rapport Tendances et analyse des risques 2016, rendu public le 12 décembre 2017, p. 29. – Pour un autre exemple, V. TRACFIN, Rapport d'activité 2016, rendu public le 19 juillet 2017, p. 66.

virements au bénéfice d'une association cultuelle et avait demandé des informations sur les modalités de transferts de fonds vers un pays étranger. Dès lors, l'ensemble de ces données, c'est-à-dire des éléments proprement financiers recoupés avec des critères comportementaux, avait permis de caractériser un cas patent de radicalisation. Des départs pour le djihad ont également pu être détectés par l'exploitation de données fournies par des établissements de crédit[38].

### B. Les améliorations encore attendues

**37.** Tout n'est cependant pas parfait dans la lutte actuelle contre le financement du terrorisme par les établissements de crédit. Les rapports de TRACFIN et la jurisprudence de l'ACPR actuelle, et à venir, témoignent en effet de quelques insuffisances résiduelles. Il appartient alors aux professionnels de la banque de se mettre en conformité sur l'ensemble de ces points intéressant tant la lutte contre le financement du terrorisme (1) que les procédures de gel des avoirs (2).

#### 1. En matière de lutte contre le financement du terrorisme

**38.** Le rapport d'activité TRACFIN, pour l'année 2017, rappelle que la pertinence des signalements et la qualité de l'analyse sont les « *garantes d'un traitement efficace de l'information reçue* »[39]. Or, après une année 2016, marquée par une « *nette dégradation de ces deux indicateurs* » selon TRACFIN[40], il est noté que pour l'année 2017 le constat est mitigé. En effet, si une amélioration a été observée chez certains établissements suite à une réorganisation profonde de leur service LAB et à la mise en place de scénarios de détection de qualité, les déclarations de certaines entités de groupes mutualistes révéleraient toujours une analyse sommaire.

---

[38] TRACFIN, Rapport Tendances et analyse des risques 2016, *op. cit.*, p. 29. – Ici encore, plusieurs critères d'alerte étaient relevés : fermeture soudaine de l'ensemble des comptes bancaires ; départ pour une longue durée dans une zone indéterminée ; achat de matériel de vie en extérieur ; explications évasives sur les motifs et la destination du voyage ; âge de l'individu.

[39] Rapport d'activité TRACFIN 2017, p. 16.

[40] Selon le rapport TRACFIN pour 2016, l'année passée était « *marquée par une nette dégradation de la pertinence des signalements et un appauvrissement sensible du travail d'analyse réalisé par les professionnels* ». Ainsi, « *le soupçon déclaré porte moins sur des opérations douteuses, suspectes que sur des opérations simplement inhabituelles, lesquelles ne justifient pas nécessairement l'envoi d'une déclaration, selon les stipulations du Code monétaire et financier* », (Rapport d'activité TRACFIN 2016, p. 15.

**39.** Plus précisément, il convient de rappeler que les scénarios jouent aujourd'hui un rôle essentiel dans l'activité déclarative des établissements, et notamment pour la lutte contre le financement du terrorisme. Ceux-ci sont en effet élaborés aux fins de détecter les opérations atypiques. Or, il est constaté par TRACFIN que certains scénarios centrés sur des opérations en espèces de faible montant ont eu pour effet d'abaisser la qualité des déclarations de certains groupes bancaires, l'analyse étant trop lacunaire pour démontrer que l'opération atypique détectée était suspecte au regard des dispositions du Code monétaire et financier. Ainsi TRACFIN se plaint de recevoir, en quantité, des signalements portant sur des retraits d'espèces sans problématique d'origine des fonds ou sur des opérations débitrices inhabituelles effectuées par des personnes physiques sans explication sur la destination des fonds et sans analyse étayant un quelconque soupçon. Certaines entités de groupes mutualistes seraient plus particulièrement concernées.

**40.** Mais quelques manquements des banques ont pu être jugés plus graves encore. Une décision remarquée de la commission des sanctions de l'ACPR du 22 mars 2018 en témoigne[41]. En l'espèce, une cliente de l'établissement de crédit B. avait procédé à des virements au profit d'une personne détenue pour sa participation supposée à des actes de terrorisme et avait réalisé d'importants retraits d'espèces suite à l'obtention d'un crédit à la consommation. Suite à un contrôle sur place, le collège de l'ACPR avait saisi la commission des sanctions. Or, par sa décision du 22 mars 2018, celle-ci inflige à l'établissement de crédit B. un blâme, ainsi qu'une sanction pécuniaire de 8 millions d'euros pour différents manquements à ses obligations en matière de blanchiment de capitaux et, surtout, de financement du terrorisme.

**41.** Plusieurs manquements de la banque sont relevés. Tout d'abord, il lui est reproché de disposer d'un outil de suivi automatisé des relations d'affaires « *incomplet et insuffisamment efficace* »[42]. Plus précisément, l'établissement B. ne comportait « *aucun critère, scénario ou seuil en lien avec un crédit à la consommation alors que ce produit est largement distribué par l'établissement de crédit B.* »[43]. La décision témoigne alors de l'importance de prévoir des scénarios

---

[41] ACPR, déc. n° 2017-08 du 22 mars 2018, *Établissement B.* : *Revue Banque* mai 2018, n° 820, p. 93, obs. J.-Ph. KOVAR et J. LASSERRE CAPDEVILLE ; *Revue internationale de la compliance et de l'éthique des affaires*, supplément au *JCP E* 2018, n° 26, p. 45, note C. RUBAL HOYER.

[42] ACPR, déc. n° 2017-08 du 22 mars 2018, *Établissement B.*, § 4.

[43] ACPR, déc. n° 2017-08 du 22 mars 2018, *Établissement B.*, § 5.

d'alertes couvrant l'ensemble des activités et types d'opérations. De plus, concernant le risque de financement du terrorisme résultant de retraits d'espèces faisant suite, notamment, à l'octroi d'un prêt, l'ACPR vient préciser que l'exclusion de certaines opérations en espèces du dispositif de déclaration automatique à TRACFIN prévu par l'article L. 561-15-1, (qui ne s'applique qu'à partir de 10.000 euros de retrait ou de dépôt en liquide sur un compte sur un mois calendaire)[44] ne saurait justifier, par elle-même, l'absence de tout scénario relatif au risque de financement du terrorisme en relation avec des retraits d'espèces faisant suite à l'octroi d'un crédit à la consommation[45]. L'arrêt déclare, au contraire, qu'il convient de « *mettre en place dans les dispositifs automatisés de détection d'opérations atypiques, des scénarios permettant de détecter des cas de financement du terrorisme* »[46]. Les dispositifs automatisés sont donc essentiels ici. En outre, et surtout, la commission des sanctions reproche à l'établissement de crédit B. d'avoir manqué à son obligation d'exercer une vigilance constante sur la relation d'affaires et à son obligation de procéder à un examen renforcé. En effet, « *si les organismes assujettis ne peuvent procéder à un examen renforcé de toutes les opérations qui font suite à l'octroi d'un crédit à la consommation, l'accumulation, dans ce dossier, d'opérations de retraits d'espèces atypiques au regard des revenus et du fonctionnement du compte de la cliente, en raison de leur montant en valeur absolue et en proportion du prêt consenti, ainsi que les motifs avancés à leur sujet, de manière parfois contradictoire* [...] *et le comportement en agence de la cliente* [...] *rendait un tel examen nécessaire dans ce dossier* »[47].

**42.** Ainsi, au final[48], la pertinence et l'efficacité du dispositif automatisé de détection du financement du terrorisme en place au sein de l'établissement de crédit B. à la date du contrôle étaient jugées insuffisantes en raison d'une absence de prise en compte du risque de financement du terrorisme dans le cas de retraits d'espèces faisant suite à l'octroi d'un crédit à la consommation (grief 1). De plus, dans le dossier individuel examiné par la mission de contrôle, cette carence n'avait pas été palliée par la vigilance humaine. Or, les circonstances dans lesquelles cette cliente avait effectué des retraits d'espèces et le montant de ceux-ci auraient dû entraîner une analyse de ses opérations

---

[44] V. *supra*, n° 19.
[45] ACPR, déc. n° 2017-08 du 22 mars 2018, *Établissement B.*, § 12.
[46] ACPR, déc. n° 2017-08 du 22 mars 2018, *Etablissement B.*, § 13.
[47] ACPR, déc. n° 2017-08 du 22 mars 2018, *Établissement B.*, § 21.
[48] ACPR, déc. n° 2017-08 du 22 mars 2018, *Établissement B.*, § 31.

qui aurait conduit à déceler des virements au profit d'une personne détenue pour sa participation supposée à des infractions de terrorisme. Au vu de ces informations l'établissement de crédit B., qui ne pouvait exclure que les nouvelles opérations de cette cliente contribuaient au financement du terrorisme, en lien ou non avec des proches du bénéficiaire de ces virements, aurait dû en informer TRACFIN (grief 2). Enfin, un retard dans le dispositif de l'établissement de crédit B. en matière d'information et de formation du personnel, qui pouvait expliquer pour partie les carences relevées dans le dossier de la cliente, avait également été constaté (grief 3).

**43.** La commission des sanctions de l'ACPR observe cependant que l'établissement en question avait consenti d'importants efforts pour mettre à niveau son dispositif préventif. C'est pour cette raison que la décision en question est finalement publiée sous une forme anonyme.

**2. En matière de gel des avoirs**

**44.** Les médias se sont fait l'écho, ces derniers mois, de manquements de la part de La Banque postale dans sa mise en œuvre des dispositions relatives au gel des avoirs, ce qui aurait permis, nous dit-on, à des personnes soupçonnées d'être en lien avec des actes de terrorisme, et concernées par des mesures de gel, d'émettre et de percevoir des mandats-cash en toute liberté[49]. Quelques dizaines d'opérations seraient ici concernées.

**45.** Cette procédure étant encore au stade de l'instruction par le rapporteur de la commission des sanctions du superviseur, il est bien trop tôt pour parler ici d'une future condamnation de la part de l'ACPR. Néanmoins, cette affaire démontre que le non-respect des dispositions liées au gel des avoirs peut aussi avoir des incidences en matière de financement du terrorisme.

***

**46.** Pour conclure cette rapide présentation, on peut dire qu'aujourd'hui le banquier est devenu un acteur incontournable de la lutte contre le financement du terrorisme. Il est notamment le professionnel le mieux à même de la détecter, et son action concrète en la matière n'a cessé de se renforcer.

---

[49] S. WAJSBROT, « Financement du terrorisme : La Banque postale visée par une enquête », *Les Echos*, 18 déc. 2017. – D. CUNY, « Blanchiment, terrorisme : La Banque postale visée par une enquête », *La Tribune*, 19 déc. 2017.

**47.** On ne sera cependant pas surpris de cette évolution, qui suit celle que nous pouvons constater, depuis plus longtemps encore, avec la lutte contre le blanchiment de capitaux. L'activité de banquier est donc définitivement une activité à part : celle d'un commerçant qui bénéficie de certaines fonctions de police.

**48.** Alors, certes, tout n'est pas parfait en la matière. Notamment, la jurisprudence du « gendarme des banques », présente et à venir, témoigne que des progrès sont encore attendus des établissements de crédit sur tel ou tel point. C'est incontestable. Néanmoins, force est de constater que chaque fois que le superviseur bancaire rend une décision de sanction à l'encontre d'un établissement, celle-ci a immédiatement des impacts positifs sur l'ensemble des professionnels de la banque qui cherchent alors à se conformer aux exigences de l'ACPR afin d'éviter d'encourir une sanction analogue. Ainsi, malgré quelques condamnations, on peut affirmer que la pratique bancaire progresse « dans le bon sens » en matière de lutte contre le financement du terrorisme.

**Août 2018**

# Le gel des avoirs


## Jean-Baptiste THIERRY

*Maître de conférences, Université de Lorraine*
*Institut François Gény (EA 7301)*


La volonté de frapper le patrimoine du délinquant n'est pas une idée neuve. La peine de confiscation connaît un fort regain d'intérêt depuis les différentes réformes intervenues, pour faire en sorte que le crime ne paie pas. Son succès explique que l'on réfléchisse à son extension et au rôle plus important que pourrait jouer la peine patrimoniale[1]. Le gel des avoirs frappe également le patrimoine d'un individu, mais il se différencie de la confiscation en ce que la personne concernée n'est pas condamnée – il ne s'agit que d'un suspect – et en ce que ses avoirs sont immobilisés, de sorte qu'elle n'est pas privée de son droit de propriété. Le gel des avoirs permet en effet de bloquer les ressources financières d'une personne : elle ne peut plus en bénéficier et on ne peut lui mettre à disposition. La logique n'est pas punitive, mais préventive : l'impossibilité d'utiliser les ressources financières est censée rendre plus difficile la réalisation d'un acte en lien avec une activité terroriste. En matière pénale, ou para-pénale, il existe deux types de gel des avoirs. Le premier est judiciaire : prévu à l'article 706-103 du code de procédure pénale, il permet au juge des libertés et de la détention, pour les infractions relevant de la criminalité organisée, d'ordonner selon les modalités prévues par les procédures civiles d'exécution, des mesures conservatoires sur les biens, meubles ou immeubles, *divis* ou *indivis*, de la personne mise en examen. Il concerne donc la personne à l'encontre de laquelle il existe des indices graves ou concordants laissant penser qu'elle a commis une infraction, placée sous le statut de mis en examen. Ce gel permet d'anticiper la confiscation qui pourrait éventuellement être prononcée

[1] E. CAMOUS, « La peine patrimoniale : une alternative prospective à la peine d'emprisonnement », *AJ Pénal*, 2018, p. 25.

et donc de garantir son exécution[2]. Le second type est le gel des avoirs en matière de terrorisme, qui présente plusieurs particularités : d'abord, il n'est pas judiciaire, en ce qu'il est purement préventif et détaché de l'intervention d'un juge[3] ; ensuite, il résulte d'une initiative internationale, reprise en droit interne.

Il existe en effet trois niveaux de gel des avoirs[4]. Le premier est mondial, décidé par le Conseil de sécurité de l'Organisation des Nations unies : cette mesure de gel s'impose aux États qui la transposent dans leur droit interne. Le deuxième est régional, décidé par un règlement de l'Union européenne, soit pour transposer une décision du Conseil de sécurité, soit de manière autonome, en application du règlement 2580/2001 du 27 décembre 2001 concernant l'adoption de mesures restrictives spécifiques à l'encontre de certaines personnes et entités dans le cadre de la lutte contre le terrorisme. Le troisième est national, prévu dans le code monétaire et financier, aux articles L. 562-1 et suivants. Ces trois systèmes obéissent à une même logique : une personne ou une entité considérée comme dangereuse est « blacklistée », ce qui entraîne la mise en œuvre des mesures de gel de ses avoirs. La finalité de ces mesures est donc d'empêcher le financement du terrorisme, de manière préventive, pour empêcher la réalisation d'actes terroristes. Au niveau national, il faut distinguer trois hypothèses de gel des avoirs. La première est prévue aux articles L. 714-1 et suivants du code monétaire et financier. Elle permet de geler les avoirs dans les Pays et territoires d'outre-mer : il s'agit d'une extension territoriale, par arrêté ministériel, d'un gel décidé par un règlement européen. La deuxième correspond à l'ancien article L. 562-2, devenu L. 562-3 du code monétaire et financier. Elle permet au seul ministre de l'Économie d'agir avant la transposition par l'Union européenne d'une initiative des Nations unies : il s'agit d'un mécanisme d'anticipation. La troisième hypothèse est prévue par l'ancien article L. 562-1, devenu L. 562-2 du code monétaire et financier. Cet article permet, par arrêté conjoint du ministre de

---

[2] Une collaboration européenne est prévue, avec la décision-cadre 2003/577/JAI du 22 juillet 2003 relative au gel de biens et de preuves, dont le législateur français a tenu compte aux articles 695-9-1 et suivants du code de procédure pénale. Plus récemment, le règlement (UE) 2018/1805 du 14 novembre 2018 concernant la reconnaissance mutuelle des décisions de gel et des décisions de confiscation, prévoit les modalités de la collaboration pour les mesures de gel décidées dans le cadre de procédures pénales.

[3] Le juge administratif n'intervient qu'*a posteriori*.

[4] Pour une présentation, voir DG Trésor, ACPR, *Lignes directrices sur la mise en œuvre de gel des avoirs*, juin 2016. V. également la contribution de D. FLORE et Ch. DEPREZ, « Le cadre législatif international et européen en matière de financement du terrorisme », V. dans cet ouvrage, p. 19 et s.

l'Économie et du ministre de l'Intérieur, de décider d'un gel, de manière totalement autonome, indépendante des dispositifs internationaux.

Cette superposition des mécanismes de gel des avoirs correspond à une volonté d'efficacité louable, inévitablement source de complexité. Cette complexité est renforcée par les multiples réformes du dispositif du gel des avoirs en droit interne[5]. S'agissant de la prise en compte en droit interne du gel des avoirs, plusieurs textes sont intervenus. D'abord, la loi n° 2006-64 du 23 janvier 2006 relative à la lutte contre le terrorisme a créé le mécanisme interne. Ce mécanisme a été modifié par la loi n° 2007-297 du 5 mars 2007 relative à la prévention de la délinquance, l'ordonnance n° 2009-104 du 30 janvier 2009 relative à la prévention de l'utilisation du système financier aux fins de blanchiment des capitaux et de financement du terrorisme, la loi n° 2012-1432 du 21 décembre 2012 relative à la sécurité et à la lutte contre le terrorisme, la loi n° 2014-1353 du 13 novembre 2014 renforçant les dispositions relatives à la lutte contre le terrorisme, et, plus récemment, par l'ordonnance n° 2016-1575 du 24 novembre 2016 portant réforme du dispositif de gel des avoirs, entrée en vigueur le 1er juillet 2017[6]. Pour ne rester que sur le gel décidé en application de l'article L. 562-2 du code monétaire et financier, au 1er septembre 2018, environ 180 arrêtés ont été publiés depuis l'entrée en vigueur de l'ordonnance du 24 novembre 2016[7].

Les différents mécanismes de gel des avoirs font donc apparaître des conflits. Il existe ainsi un conflit entre les autorités compétentes pour les mettre en place. Il existe également un conflit entre le droit pénal et le droit administratif : le régime pénal est délaissé, au profit d'un droit administratif répressif[8]. Ce glissement du pénal vers l'administratif est quasi parfait s'agissant du gel des avoirs où la

---

[5] Tant et si bien que les *Lignes directrices sur le gel, de la Direction Générale du Trésor et de l'Autorité de contrôle prudentiel et de résolution*, du 22 sept. 2016, n'étaient pas à jour lors de la rédaction de cette contribution.

[6] Cette ordonnance a notamment procédé à une réécriture et une renumérotation des dispositions du code monétaire et financier.

[7] La Direction générale du Trésor met à disposition une liste unique de gels, qui contient toutes les mesures de gel, quelle que soit leur origine, sous forme d'un tableau Excel. Il s'agit donc d'une mesure fréquemment utilisée, qui oblige les professionnels à une attention particulière (ils s'exposent par ailleurs à des sanctions de l'Autorité de contrôle prudentiel et de résolution, voire à des sanctions pénales prévues par l'article 459 du code des douanes).

[8] J. LASSERRE CAPDEVILLE, « L'émergence d'un droit répressif pour lutter contre le financement du terrorisme », *in* J. ALIX (dir.), O. CAHN (dir.), *L'hypothèse de la guerre contre le terrorisme*, Dalloz, 2017, coll. Thèmes et commentaires, p. 161.

mesure est nettement privilégiée. Il est problématique, puisque ce gel n'intervient pas en raison de la commission d'une infraction, mais des soupçons de lien avec le terrorisme. Il s'agit d'une « préqualification terroriste »[9], nécessairement incertaine au regard de sa fiabilité. Pour s'en convaincre, il convient de s'intéresser à la mise en œuvre du gel des avoirs (I) et à sa contestation (II).

## I. La mise en œuvre du gel des avoirs

Les conditions de mise en œuvre d'une mesure de gel des avoirs varient selon que la mesure est internationale (A) ou nationale (B).

### A. La mise en œuvre internationale

Le Conseil de sécurité des Nations unies a adopté plusieurs résolutions tendant à élaborer des mécanismes de lutte contre le terrorisme. Au titre de ces résolutions, figure notamment la résolution 1267 (1999), qui prescrit notamment aux États de geler les fonds et autres ressources financières des Talibans d'Afghanistan en raison de leur soutien à Oussama ben Laden. La mise en œuvre de ces mesures suppose que les différents États communiquent au Comité des sanctions[10] les informations nécessaires. En 2011, le Comité des sanctions a été scindé en deux : le Comité Al-Qaïda, et un comité pour les Talibans. Le 17 décembre 2015, le Conseil de sécurité a adopté à l'unanimité la résolution 2253 (2015) par laquelle il a décidé d'élargir les critères d'inscription sur la liste afin d'y inclure les personnes et entités soutenant l'État islamique d'Iraq et du Levant (EIIL). Les critères d'inscription sur la liste sont prévus[11]. Il s'agit, notamment, du fait de concourir à financer, organiser, faciliter, préparer ou exécuter des actes ou activités d'Al-Qaïda et de l'EIIL, en association avec ceux-ci, sous leur nom ou pour leur compte, ou le fait de les soutenir ; du fait de fournir, vendre ou transférer des armements et matériels connexes à Al-Qaïda ou à l'EIIL ; du fait de recruter pour le compte d'Al-Qaïda ou de l'EIIL ou de soutenir, de toute autre manière, des actes ou activités d'Al-Qaïda, de l'EIIL ou de toute cellule, filiale ou émanation ou tout groupe dissident de ceux-ci. Les demandes d'inscription sur la liste émanent des États. Ils fournissent un exposé détaillé des motifs d'inscription sur la liste ainsi qu'une indication des critères en vertu desquels des personnes, groupes, entreprises et entités

---

[9] J. ALIX, *Terrorisme et droit pénal*, Dalloz, 2010, Nouvelle Bibliothèque de thèses, n$^{os}$ 263 et s.

[10] Le « Comité 1267 ».

[11] http://www.un.org/en/ga/search/view_doc.asp?symbol=S/RES/2253(2015)&referer=/english/&Lang=F

sont désignés. Ce dossier comprend, notamment, l'origine des éléments de preuve (services de renseignement, services de maintien de l'ordre, justice, médias, aveux de l'intéressé, etc.), des pièces justificatives ou autres documents. Un formulaire est mis à disposition. L'examen de l'inscription sur la liste n'est donc pas unilatéral : il s'agit d'une demande faite par les États au Comité des sanctions, avec un examen de la recevabilité de la demande.

Cette inscription internationale sera suivie ensuite d'une transposition par les États, étant entendu que, s'agissant de l'Union européenne, la transposition résulte d'un règlement. Il n'appartient donc pas à l'Union d'apprécier la légalité de la décision du Comité des sanctions : sa compétence est liée. Sur le fondement de l'article 215 du Traité sur le fonctionnement de l'Union européenne, des mesures restrictives similaires peuvent être prises par le Conseil, par la voie du règlement. La décision est prise par le Conseil statuant à l'unanimité[12]. La position commune du 27 décembre 2001 relative à l'application de mesures spécifiques en vue de lutter contre le terrorisme[13] précise que l'inscription sur la liste est prise sur la base d'informations précises ou d'éléments de dossier qui montrent qu'une décision a été prise par une autorité compétente à l'égard des personnes, groupes et entités visés, qu'il s'agisse de l'ouverture d'enquêtes ou de poursuites pour un acte terroriste, ou la tentative de commettre, ou la participation à, ou la facilitation d'un tel acte, basées sur des preuves ou des indices sérieux et crédibles, ou qu'il s'agisse d'une condamnation pour de tels faits. Cette autorité est, au sens de la position commune, une autorité judiciaire. La procédure apparaît donc plus précise que la procédure des Nations unies, puisque le gel intervient dans un cadre judiciaire et non sur la base de simples renseignements. Cette précision, même si on en reste au stade des indices, conjuguée à la nécessité d'une unanimité du Conseil, tend à restreindre le risque d'arbitraire.

Une fois la transposition de la décision des Nations unies opérée, ou le règlement adopté, les mesures de gel doivent être mises en œuvre par les organismes financiers. Ils doivent donc, pêle-mêle, s'abstenir d'ouvrir un compte à une personne désignée, permettre les mouvements de fonds (sauf ceux nécessaires aux besoins courants), conclure des prêts, exécuter les contrats d'assurance-vie, etc. Cela suppose la mise en place, par ces acteurs, de mécanismes de détection.

---

[12] Art. 2, § 3, du règlement 2580/2001 du 27 décembre 2001.
[13] *JOUE*, n° L. 344, 29 déc. 2001.

### B. La mise en œuvre nationale

Comme cela a été vu précédemment, la mise en œuvre nationale d'une mesure de gel des avoirs regroupe plusieurs mécanismes. L'adoption d'un arrêté par le seul ministre en charge de l'Économie n'est en réalité qu'un mécanisme d'extension ou d'anticipation d'une décision de l'Union et n'appelle donc guère de remarques particulières, contrairement à la procédure de l'article L. 562-2 du code monétaire et financier. Un arrêté conjoint du ministre de l'Économie et du ministre de l'Intérieur peut décider du gel des avoirs de personnes physiques ou morales, ou toute autre entité qui commettent, tentent de commettre, facilitent ou financent des actes de terrorisme, y incitent ou y participent. Le champ d'application est donc particulièrement large. La référence à la tentative d'infraction terroriste démontre une volonté d'intervenir très en amont, et ce d'autant plus qu'il n'est pas renvoyé à l'article 122-5 du code pénal, de sorte que la tentative visée à l'article L. 562-2 du code monétaire et financier ne s'apprécie pas de la même manière que la tentative pénale. Que dire alors de la seule incitation au terrorisme, surtout lorsqu'elle n'est pas judiciairement prouvée ?

La procédure de l'article L. 562-2 du code monétaire et financier est purement nationale : elle n'emporte pas d'effets au-delà du territoire de la République. Il est donc possible d'inscrire une personne sur une liste, alors qu'aucun instrument international ne vise cette personne. Cette autonomie du dispositif national a pu être justifiée par « des considérations tenant à la confidentialité des renseignements qui pourraient justifier le refus de l'État de proposer l'inscription au niveau européen, notamment lorsqu'est en cause l'un de ses ressortissants »[14], ou par l'inutilité d'une extra-territorialité du gel. À bien y regarder, ce dispositif national n'est justifié « qu'en ce qui concerne les personnes incitant à la commission d'actes de terrorisme »[15]. Le champ d'application de la mesure « nationale » de gel apparaît ainsi plus important, mais également beaucoup plus opaque qu'au niveau international. Alors que la procédure d'adoption, critiquable sur ses modalités, est relativement transparente et collégiale au niveau international, elle reste secrète et inquisitoriale au niveau interne. La décision est prise par deux ministres, dont on voit bien qu'ils ne recherchent pas l'impartialité.

---

[14] D. BURRIEZ, « Le dispositif national de gel des avoirs : discrète mais contestable mesure de police administrative en matière de lutte contre le terrorisme », *RFDA*, 2017, p. 139.

[15] *Ibid.*

La constitutionnalité de ce gel national a été contestée par le biais d'une question prioritaire de constitutionnalité. Le 2 mars 2016, le Conseil constitutionnel a considéré que le gel était une mesure de police administrative, n'entraînant aucune conséquence en matière pénale et ne nécessitant donc pas l'intervention de l'autorité judiciaire. La solution est contestable au vu des critères de mise en œuvre de la mesure, qui renvoient à la commission d'infractions pénales. Le Conseil constitutionnel considère que la présomption d'innocence n'est pas davantage atteinte, puisque les dispositions contestées n'ont ni pour objet ni pour effet d'instaurer une présomption de culpabilité. Peut-être aurait-il pu s'interroger sur les conséquences factuelles d'une mesure administrative de gel sur une procédure judiciaire ? Le gel administratif des avoirs ne serait pas une peine, mais son fondement s'en rapproche – une activité terroriste – et son effet également – l'indisponibilité des biens. Comme l'a relevé Cristina MAURO : « l'argumentation du Conseil constitutionnel conduit à accepter que des mesures de gel, potentiellement perpétuelles, se substituent en pratique au prononcé d'une sanction pénale : une fois établi qu'une personne est terroriste sur le fondement d'une quelconque liste, il suffira de renouveler une mesure de gel à son encontre de façon continue pour la priver de ses biens, sans qu'aucun juge répressif français n'ait jamais été saisi en vue d'établir sinon sa culpabilité, du moins l'existence et la réalité des soupçons qui existent contre elle. [...] Il en résulte qu'il ne sera plus nécessaire à l'avenir de redéfinir les deux catégories prévention/répression : l'une d'elles devient tout simplement inutile en pratique ! »[16]. Le gel interne des avoirs n'est finalement qu'une mesure punitive résultant d'une suspicion, dont l'utilité est discutable, au vu des instruments internationaux et européens, et qui n'a pourtant pas beaucoup attiré l'attention. Ces problèmes sont amplifiés lorsque l'on examine les conditions de contestation de la mesure.

## II. La contestation de la mesure

La mesure de gel des avoirs peut heureusement être contestée. L'autorité compétente dépend du type de gel qui a été décidé (A). Dans tous les cas, le respect des droits de la défense apparaît problématique (B).

---

[16] C. MAURO, « Le gel d'avoirs n'est pas une sanction... mais un peu quand même », note sous Cons. const., 2 mars 2016, n° 2015-524 QPC, *JCP G*, 2016, 589. V. également : J.-F. GIACUZZO, « Le gel des avoirs : une limitation de la propriété du "terroriste-ennemi" », *Constitutions*, 2016, p. 269.

### A. Les autorités compétentes

L'autorité qui a institué le gel peut d'abord y mettre fin. Ainsi, le Comité des sanctions, le Conseil, ou les ministres chargés de l'Économie et de l'Intérieur peuvent conjointement autoriser le déblocage des avoirs. Les Nations unies ont ainsi mis en place un Médiateur, chargé de pallier les défauts de la procédure de gel[17]. Il n'est pas un organe juridictionnel, mais constitue une institution « originale, dont l'apport au titre de l'équité et de la transparence des procédures n'est objectivement pas négligeable »[18].

Les mesures de gel décidées par les Nations unies donnent lieu à un contrôle original en Europe, d'abord grâce à la Cour de justice de l'Union européenne, puis, plus récemment, la Cour européenne des droits de l'homme. S'agissant de la CJUE, « dans plusieurs affaires, le tribunal et la cour ont prononcé l'annulation de certaines inscriptions, en raison de la méconnaissance de certains droits fondamentaux : droit à l'information, droit d'être entendu et droit à une motivation suffisante »[19]. Dans un arrêt *Kadi*[20], une décision de gel décidée par les Nations unies avait été mise en œuvre par le Conseil. La mesure était contestée devant les instances européennes. Le problème n'était guère évident, car le droit des Nations unies prime logiquement sur le droit de l'Union, qui ne faisait qu'exécuter une norme supérieure. La Cour a annulé ces inscriptions en considérant qu'« il est possible de déclarer contraire à une norme supérieure communautaire un acte d'exécution d'une résolution onusienne, sans toutefois remettre en cause la primauté de cette résolution au plan du droit international »[21]. Elle précise que « les obligations découlant d'un acte international ne peuvent avoir pour effet de faire adopter par l'Union un acte communautaire incompatible avec » les droits fondamentaux européens.

Dans un arrêt *Al-Dulimi et Montana Management Inc. c. Suisse* du 21 juin 2016, la CEDH a également dû se prononcer sur la compatibilité des sanctions du Conseil de sécurité de l'ONU avec les droits et libertés protégés par la Convention. Elle précise qu'il existe

---

[17] Sur le Médiateur, v. L. DUMOULIN, « *Black lists* et gel des avoirs. Bilan et perspectives du Médiateur du Comité 1267 des Nations unies », *RSC*, 2013, p. 23.

[18] *Ibid.*

[19] M.-C. GUÉRIN, « La protection des droits fondamentaux par la Cour de justice en matière de lutte contre le terrorisme et d'harmonisation ou de coopération pénale », *Dr. pén.*, 2010, ét. 20.

[20] CJCE, 11 juin 2009, aff. C-402/05 et C-402/05, *Kadi c. Conseil et Commission.*

[21] *Ibid.*

une présomption de conformité des décisions du Conseil de sécurité, expliquant qu'« il faut présumer que le Conseil de sécurité n'entend pas imposer aux États membres une quelconque obligation qui contreviendrait aux principes fondamentaux en matière de sauvegarde des droits de l'homme ». Autrement dit, contrairement à la CJUE, elle ne fait pas primer les droits fondamentaux. Mais elle parvient tout de même à les faire respecter, en contrôlant « de manière indirecte la conventionnalité du droit dérivé des Nations unies »[22]. Elle ne contrôle pas la légalité de la décision, ce qu'elle ne s'estime pas compétente de faire, mais vérifie le maintien du « juste équilibre entre la nécessité de veiller au respect des droits de l'homme et les impératifs de la protection de la paix et la sécurité internationales » (§ 146). Ce faisant, elle oblige la Suisse à opérer un contrôle juridictionnel adapté. Au terme d'un raisonnement qualifié de sinueux[23], « la Cour subordonne l'exécution par l'État de ses obligations issues de son appartenance à l'ONU au respect des droits garantis par la Convention et conditionne la mise en œuvre des mesures d'exécution des sanctions décidées par le Conseil de sécurité à l'existence d'un contrôle juridictionnel garantissant "l'absence d'arbitraire" »[24]. Les juridictions européennes permettent donc de contrôler indirectement la légitimité des sanctions prises, en vérifiant que les garanties de protection des droits de l'homme sont respectées dans la mise en œuvre des mesures.

S'agissant des mesures de droit interne, la mesure peut être contestée devant le juge administratif, puisqu'il s'agit d'une mesure de police administrative. Il s'agit donc d'un contrôle *a posteriori* qui intervient après que le gel des avoirs ait été mis en place. La décision du ministre est un « acte administratif individuel, […] exécutoire dès sa publication, sans qu'il y ait besoin qu'elle soit notifiée aux personnes qui font l'objet de la mesure »[25]. Même si l'on peut regretter le principe de ce contrôle tardif, ce sont surtout les insuffisances de la défense qui sont en cause.

### B. Le respect des droits de la défense

Le respect des droits de la défense apparaît difficile, puisque, par définition, la preuve n'est pas judiciaire, et donc n'est pas apportée avec les garanties de loyauté et de légalité inhérentes à la procédure

---

[22] F. SUDRE, « Les sanctions des Nations unies à l'épreuve de la Convention européenne des droits de l'homme », *JCP G*, 2016, 968.
[23] *Ibid.*
[24] *Ibid.*
[25] F. ROLIN, S. SLAMA, « Les libertés dans l'entonnoir de la législation anti-terroriste », *AJDA*, 2006, p. 975.

pénale. Les fameuses « notes blanches » réalisées par les services de renseignement ont ainsi été jugées suffisantes pour établir des « indices sérieux et crédibles » au sens du code monétaire et financier. Or, ces notes blanches sont des « documents sans en-tête ni signature, dépourvus de toute précision quant à leurs sources, qui font état de propos et d'actes imputés à une personne et censés démontrer l'implication de celle-ci dans des activités terroristes »[26]. S'il y a bien un accès au juge, son contrôle reste limité et, au vu de la faiblesse des critères de mise en œuvre de la procédure de gel, il est à craindre qu'une large marge de manœuvre soit reconnue aux ministres. La motivation de la décision de gel est par ailleurs inexistante : la défense est donc mise à mal. L'absence de contradictoire préalablement à la mise en œuvre de la mesure de gel est difficilement compréhensible, dès lors qu'il ne s'agit pas d'une sanction, mais d'une mesure de prévention. Le Tribunal administratif de Paris a considéré que « la mise en œuvre d'une procédure contradictoire priverait de tout effet utile une mesure de gel d'avoirs, et serait ainsi de nature à compromettre l'ordre public »[27].

À cet égard, le gel des avoirs, pourtant antérieur à la loi sécurité intérieure et ses désormais fameuses mesures individuelles de contrôle administratif et de surveillance, cristallise les reproches faits à la lutte administrative contre le terrorisme. Le droit pénal et la procédure pénale ont déjà fait les frais de ce mouvement de spécialisation en matière de terrorisme, la police administrative n'en est pas exclue : on constate ainsi « un durcissement de la police administrative en matière de terrorisme » donnant « ainsi corps à l'idée de l'avènement discret d'une police spéciale du terrorisme »[28]. Les mesures internationales apparaissent finalement plus protectrices que les mesures internes. Tout ceci n'est que le symbole de la volonté préventive : le droit pénal intervient de plus en plus tôt, en créant des incriminations éloignées du résultat redouté ; cette prévention passe, dans le cadre du gel des avoirs, par une mise à l'écart, pure et simple, du droit pénal, au profit de dispositifs préventifs.

**1er décembre 2018**

---

[26] P. FRYDMAN, J. SORIN, « Le principe de loyauté devant le juge administratif », *Procédures*, 2015, dossier 13.
[27] TA Paris, 25 avr. 2013, n° 1206200/7-1, cité *in* D. BURRIEZ, art. préc.
[28] M. CHAMBON, « Une redéfinition de la police administrative », *in* J. ALIX, O. CAHN, *op. cit.*, p. 145.

# Propos conclusifs

## Jean-Marie BRIGANT

*Maître de conférences en droit privé et sciences criminelles,*
*Le Mans Université, Membre du THEMIS-UM,*
*Membre associé de l'Institut François Gény*

Il convient tout d'abord de féliciter chaleureusement l'organisatrice de ce colloque, Mme Delphine BRACH-THIEL, mais également la remercier très sincèrement de nous avoir confié « les propos conclusifs » de cette 7$^{e}$ édition des journées franco-belges de droit pénal, consacrées cette année au « financement du terrorisme ».

Il s'agit là d'une mission[1] qui demeure délicate car elle suppose au dernier orateur que nous sommes de vous présenter, de manière synthétique, ce que nous avons retenu et pensé de cette riche journée alors que tout a été dit et si bien dit…

Cette invitation franco-belge nous conduit à revenir sur le choix du sujet **(I.)** avant de partager avec vous nos conclusions sur celui-ci **(II.)**.

**I.** Au menu de ce colloque franco-belge, le thème retenu – le financement du terrorisme – nous est apparu sous différentes facettes.

Tout d'abord, le financement du terrorisme s'est présenté comme **un sujet étonnant**, et ce, à un double titre. *Premièrement*, le choix est surprenant car depuis plusieurs années, les juristes, universitaires et praticiens, ont pris l'habitude de discuter à l'occasion de colloques consacrés au terrorisme de manière globale ou bien à se focaliser sur la dernière loi adoptée visant à lutter contre cette délinquance particulière. Cette fois-ci, la perspective nous a semblé inversée et plus limitée car il fallut envisager la question du terrorisme mais dans sa dimension financière : réunir des fonds pour la réalisation d'activités terroristes. Cette approche spécifique nous a conduit à prendre appui sur une infraction « périphérique » dans la lutte contre le terrorisme, renouvelant ainsi la réflexion des uns et des autres et

---

[1] Mission qui aurait pu être impossible en raison d'autres questions de financement… notamment ceux de la SNCF.

décalant *in fine* notre regard du droit pénal vers le droit administratif. *Deuxièmement*, le choix est également étonnant puisque selon un récent article de presse, en matière de « *terrorisme, l'argent n'est plus le nerf de la guerre* »[2], ce qu'ont d'ailleurs relevé certains intervenants[3]. En effet, sur 28 projets d'attentats déjoués ou ayant échoué depuis 2013, 16 employaient des armes blanches et 4 des voitures béliers parfois louées parfois volées. On ne peut que constater que nous sommes loin des attentats à coup de milliers de dollars, à l'instar de celui du 11 septembre 2001. Ainsi, les terroristes ont découvert « le low cost »[4] comme l'ont démontré les attentats à Barcelone, à Saint-Étienne-du-Rouvray, du 14 juillet à Nice et ceux des marchés de Noël de Berlin et Strasbourg.

Ensuite, le financement du terrorisme constitue sans nul doute **un sujet d'actualité** comme l'ont souligné les différents intervenants en rappelant plusieurs événements survenus cette année : d'une part, la condamnation fin 2017 de la mère d'un djihadiste franco-algérien qui a envoyé de l'argent à son fils[5] ; d'autre part, la mise en examen d'un célèbre cimentier franco-suisse des chefs de violation d'un embargo, mise en danger de la vie d'autrui, financement d'une entreprise terroriste et complicité de crimes contre l'humanité[6] ; et enfin, la condamnation en 2018 d'un établissement de crédit à un blâme et une sanction pécuniaire de huit millions d'euros pour différents manquements en matière de détection du financement du terrorisme[7]. Mais la question du financement du terrorisme est revenue également sur le « devant la scène » avec les fameuses aumônes religieuses (« *zakat* ») dans certaines mosquées qui sont en réalité très peu contrôlées[8].

---

[2] P. CONESA, « Terrorisme : l'argent n'est plus le nerf de la guerre », *Challenges*, 5 avril 2018.

[3] R. MALAGNINI, « Le terrorisme et son financement : une analyse de terrain », V. dans cet ouvrage p. 9 et s.

[4] P. SAINT-PAUL, « Terrorisme low-cost », *Le Figaro*, 18 août 2017.

[5] https://www.lemonde.fr/police-justice/article/2017/09/28/la-mere-d-un-djihadiste-condamnee-a-deux-ans-de-prison-pour-financement-du-terrorisme_5192981_1653578.html

[6] S. SEELOW, « L'entreprise Lafarge mise en examen pour complicité de crime contre l'humanité », *Le Monde*, 28 juin 2018.

[7] ACPR, Comm. Sanct., 22 mars 2018, *Ets de crédit B.*, n° 2017-08 : *Rev. Banque*, mai 2018, obs. J.-Ph. KOVAR et J. LASSERRE CAPDEVILLE.

[8] P. CONESA, *op. cit.* : Cette « *zakat* » durant le grand pèlerinage représenterait environ 9 milliards de dollars dont une partie des groupes terroristes a largement profité. « Il reste aussi le cas de la *zakat* prélevée en France. Pas moins d'une bonne cinquantaine de sites sur Internet en France et dans les pays francophones explique combien et à qui verser. Mais où va la zakat perçue chaque année dans les mosquées françaises et européennes ? ».

Quelques jours après ce colloque, s'est tenue à Paris une conférence internationale, à l'initiative du président de la République française, relative à la lutte contre le financement d'Al-Qaïda et de Daech (« No Money for Terror »)[9]. À l'issue de celle-ci, une déclaration finale a été adoptée par les participants qui se sont engagés à renforcer leur contribution nationale et collective à la lutte contre le financement d'individus, de groupes, d'entreprises et d'entités terroristes associés à l'État islamique (Daech) et à Al-Qaïda, qui se fonde sur notre engagement de longue date à lutter contre le financement de tous les groupes terroristes[10].

Par ailleurs, le thème choisi pour cette 7e édition s'est révélé un **sujet trompeur**. En effet, comme l'a annoncé Mme Delphine BRACH-THIEL en ouverture du colloque[11], le thème et les termes du colloque sont apparemment simples et d'une certaine manière dépourvus d'ambiguïté. Or, les différentes interventions nous ont appris qu'en réalité le financement du terrorisme n'est pas ou plutôt n'est plus destiné à la mise en œuvre d'une attaque ou d'une action terroriste. Cette assertion était valable en 2001 à la suite des attentats du 11 septembre.

Cependant, depuis quelques années, ce financement du terrorisme semble avoir un double objectif : institutionnel d'une part, et individuel d'autre part.

D'une part, ce financement a pour objectif d'assurer l'existence du groupement ou réseau terroriste. L'argent est destiné à subvenir aux besoins inhérents à la logistique d'un groupe ou à sa propre bureaucratie ou bien encore à sa propagande. En dépit du caractère illégal de la démarche, on trouve ici une approche institutionnelle qui vise ainsi à établir dans la durée ce groupement terroriste[12].

D'autre part, ce financement du terrorisme par le biais des allocations sociales ou dons familiaux doit également permettre le départ de combattants vers ce groupement. Cette fois-ci le financement n'est pas

---

[9] https://www.diplomatie.gouv.fr/fr/politique-etrangere-de-la-france/defense-et-securite/actualites-et-evenements-lies-a-la-defense-et-la-securite/article/conference-de-lutte-contre-le-financement-de-daech-et-d-al-qaida-paris-25-26-04

[10] https://www.diplomatie.gouv.fr/fr/politique-etrangere-de-la-france/defense-et-securite/actualites-et-evenements-lies-a-la-defense-et-la-securite/article/declaration-finale-conference-de-lutte-contre-le-financement-de-daech-et-d-al

[11] D. BRACH-THIEL, « Avant-Propos », V. dans cet ouvrage p. 5 et s.

[12] R. MALAGNINI, « Le terrorisme et son financement : une analyse de terrain », V.dans cet ouvrage p. 9 et s.

directement tourné vers le groupement mais vers l'individu qui doit contribuer *in fine* à renforcer les effectifs de celui-ci.

Enfin, le financement du terrorisme est apparu comme **un sujet pluridisciplinaire** qui nous a interpellé sur de nombreux aspects scientifiques. Au fil des différentes interventions qui ont rythmé cette journée franco-belge, le financement du terrorisme s'est présenté comme un sujet au carrefour du droit national (français et/ou belge) et du droit européen mais également du droit international ; du droit pénal et du droit administratif ; aux confins de la morale et des affaires et plus généralement des rapports entre la délinquance et l'économie.

**II.** Comme l'indique le programme de ce menu alléchant[13], notre propos a ainsi pour but de « *clôturer les festivités* », tout en espérant qu'il puisse vous procurer une sensation de bien-être intellectuel. Il s'agit donc d'un *propos conclusif voire digestif* d'une certaine manière qui nous conduit à formuler **plusieurs conclusions.**

**La première conclusion** est relative à l'encadrement juridique du financement du terrorisme[14] qui se résume en deux mots : Abondance et Éparpillement.

- ***Abondance*** car le financement du terrorisme a fait l'objet d'un encadrement législatif à plusieurs niveaux comme nous l'ont expliqué plusieurs intervenants : la Convention internationale pour la répression du financement du terrorisme du 9 décembre 1999, la résolution 1373 des Nations unies du 28 septembre 2001 ; la Décision-cadre du Conseil du 13 juin 2002 relative à la lutte contre le terrorisme ; la Directive (UE) 2018/843 du Parlement européen et du Conseil du 30 mai 2018 modifiant la directive (UE) 2015/849 relative à la prévention de l'utilisation du système financier aux fins du blanchiment de capitaux ou du financement du terrorisme ainsi que les directives 2009/138/CE et 2013/36/UE ; la Décision (UE) 2018/889 du Conseil du 4 juin 2018 relative à la conclusion, au nom de l'Union européenne, de la Convention du Conseil de l'Europe pour la prévention du terrorisme mais également la Décision (UE) 2018/890 du Conseil du 4 juin 2018 relative à la conclusion, au nom de l'Union

---

[13] Il convient de rappeler que cette journée de colloque a débuté par l'évocation d'une « omelette terroriste » décrite par le Doyen Fabrice GARTNER avec beaucoup de truculence.

[14] D. FLORE, Ch. DEPREZ, « Le cadre législatif international et européen en matière du financement du terrorisme », V. dans cet ouvrage p. 19 et s.

européenne, du Protocole additionnel à la convention du Conseil de l'Europe pour la prévention du terrorisme ; la Directive 2014/42/UE du Parlement européen et du Conseil du 3 avril 2014 concernant le gel et la confiscation des instruments et des produits du crime dans l'Union européenne, les Recommandations du Groupe d'action financière contre le blanchiment de capitaux et le financement du terrorisme… sans oublier les droits nationaux belge et français, qu'il s'agisse des lois et des règlements.

- ***Éparpillement*** : l'éparpillement des textes nationaux applicables en matière de financement du terrorisme est à la fois le signe de l'intérêt porté à la question par les pouvoirs publics mais également celui de l'incapacité du législateur à éviter ce que certains des intervenants ont qualifié de « mille-feuilles » juridiques. Il est vrai que se sont accumulés au fil des années des textes de plus en plus confus entre lesquels il est parfois difficile de démêler les solutions applicables à telle ou telle situation concrète. Aussi bien, les intéressés devront-ils jongler entre les dispositions contenus dans : le Code pénal (art. 140 et 141 du Code pénal belge et 421-2-2 du Code pénal français), le Code monétaire et financier (avec les obligations de vigilance et de déclarations ainsi que celles relatives aux gels des avoirs), le Code de la défense (avec l'incrimination spéciale du financement), voire le Code des douanes (notamment les articles 415 et 469) sans compter là aussi sur les différents textes juridiques réglementant certaines professions.

**La deuxième conclusion** concerne les incriminations de financement du terrorisme qui sont conçues dans nos deux droits respectifs[15] comme des infractions formelles voire plutôt des « infractions obstacle » qui répriment par anticipation le phénomène terroriste. À l'issue des deux interventions[16], il est possible de formuler **trois remarques** sur ces délits de financement du terrorisme.

- *Premièrement,* il ressort des interventions matinales que paradoxalement dans la lutte contre le terrorisme, le délit de financement du terrorisme est ***une incrimination circonstancielle ou réactionnelle.*** En effet, ce sont les attentats du 11 septembre 2001 qui ont conduit respectivement les législateurs français et belges à introduire un délit (autonome) de financement du terrorisme. Avec

---

[15] C. pénal français, art. 421-2-2 – C. pénal belge, art. 140 et 141.

[16] J. ALIX, « Les incriminations de financement du terrorisme en droit français », V. dans cet ouvrage p. 45 et s. – P. THEVISSEN, « Les incriminations du financement du terrorisme en droit belge », V. dans cet ouvrage p. 59 et s.

une extrême réactivité pour la France puisqu'il s'agit de la loi du 15 novembre 2001 relative à la sécurité quotidienne à laquelle il convient d'ajouter celle du 18 mars 2003 qui a pérennisé l'incrimination. Avec une certaine normalité pour la Belgique qui a attendu la loi du 19 décembre 2003 (complétée par celle du 14 décembre 2016) pour consacrer cette infraction particulière.

- *Deuxièmement*, cette incrimination « opportuniste » fait l'objet d'une ***définition opérationnelle***. En effet, le financement du terrorisme est défini en termes très larges par le législateur que ce soit dans sa nature, son objet, ses modalités ou bien ses effets. L'infraction se présente ainsi de manière protéiforme, couvrant des hypothèses variées, allant de la mise en place d'un attentat terroriste à grande échelle au don fait à une mosquée en passant par l'envoi de sommes d'argent à une personne partie faire le djihad à l'étranger. Cette définition doit permettre d'embrasser « *le macro comme le micro financement du terrorisme* »[17]. Cette extrême plasticité constitue un avantage logistique pour combattre le terrorisme si l'on en croit un rapport du Groupe d'action contre le blanchiment en Afrique de l'Ouest qui a recensé pas moins de onze types de sources de financement du terrorisme (prélèvements caritatifs, transferts de fonds, mendicité, contrefaçon, migration illégale, vol à main armée, contrefaçon de produits et médicaments, crédit à la consommation, trafics de biens culturels) dont certaines font déjà l'objet d'incriminations spécifiques[18]. Néanmoins, cette plasticité de l'incrimination n'échappe pas à la critique juridique concernant son éventuelle conformité aux droits garantis par la Constitution. En effet, l'article 421-2-1 du Code pénal en réprimant le fait de « tenter de donner des conseils » en matière de financement du terrorisme paraît méconnaître les principes de légalité et de nécessité des délits et des peines, à l'instar d'autres incriminations terroristes[19].

- *Troisièmement*, cette qualification fait l'objet d'une ***application partielle et peut-être même résiduelle*** à l'avenir aux dires de nos intervenants. En effet, les poursuites et condamnations sur ce fondement sont peu nombreuses et de faible gravité. Comme nous

---

[17] J. ALIX, « Les incriminations de financement du terrorisme en droit français », V. dans cet ouvrage p. 45 et s.

[18] S. TIEMÇANI, « Les activités du crime représente 3,6 % du PIB de 15 pays africains », *El Watan*, 10 avril 2018.

[19] Voir Cons. const., 7 avril 2017, n° 2017-625 (S. AMADOU - Entreprise individuelle terroriste) ; Cons. const., 10 février 2017, n° 2016-611 et 15 déc. 2017, n° 2017-682 (P. DAVID - Délit de consultation habituelle de sites internet terroristes).

l'avons appris lors de cette 7e journée franco-belge, les faits de financement sont souvent déjà appréhendés sous la qualification généreuse d'association de malfaiteurs à but terroriste. Toutefois, la jurisprudence criminelle française semble retenir à l'heure actuelle cumulativement les qualifications de financement du terrorisme et celle d'association terroriste[20].

**La troisième conclusion** porte sur la détection et la recherche du financement du terrorisme. Si les interventions dédiées nous ont rappelé au passage que nous vivons tous, y compris les terroristes, à l'ère de la mondialisation et de la consommation, celles-ci ont mis en évidence un double défi pour les États dans la lutte contre le terrorisme.

- ***Le défi actuel*** est relatif au ***trafic d'armes légères en provenance des Balkans***. En effet, il n'est pas possible de lutter efficacement contre le financement du terrorisme sans régler la question du trafic d'armes dans cette région d'Europe. Les interventions consacrées à cette thématique[21] ont fait ressortir l'existence d'une double particularité de ce marché illégal. D'une part, la mise en place d'une offre conséquente et compétitive d'armes légères qui reçoit deux explications : le passé de l'ex-Yougoslavie et la liberté de circulation dans l'EEE. D'autre part, la demande d'armes bénéficie de moyens de financement difficilement détectables, à l'instar du recours à la contrefaçon de produits ou bien encore des crédits à la consommation. La réponse attendue des pouvoirs publics ne relève ni de la répression qui est déjà complète, ni de l'harmonisation qui constitue une réponse trop générale et déconnectée de la réalité du terrain. En réalité, ce qui est souhaité par les acteurs c'est bien un renforcement de la coopération et de la coordination des différents services de renseignement, d'enquêteurs et de magistrats appartenant à deux ou trois États. En définitive, pour être efficace, la détection et la recherche du financement du terrorisme suppose deux actions :

---

[20] V. J. ALIX, « Les incriminations de financement du terrorisme en droit français », dans cet ouvrage p. 45 et s.

[21] L. GONCALVES, « La politique du ministère de l'Europe et des Affaires étrangères dans le domaine de la lutte contre le financement du terrorisme et la prolifération des armes légères et de petit calibre. Présentation de l'initiative mise en place dans les Balkans », communication à la 7e journée franco-belge de droit *pénal Le financement du terrorisme* qui s'est déroulée à Nancy le 20 avril 2018, non reproduite dans cet ouvrage. – Ph. FÉLIX-UNCANIN, « La difficulté de la lutte contre le financement du terrorisme. L'exemple des armes légères et de petit calibre en provenance des Balkans utilisées dans les attentats commis en France entre 2014 et 2017 », V. dans cet ouvrage p. 71 et s.

décloisonner et tisser l'activité des services en charge de la lutte contre le terrorisme aux différents niveaux géographiques.

- ***Le défi potentiel*** consiste dans le développement des monnaies virtuelles et notamment ***les crypto-monnaies***[22]. Ce sont « *des monnaies virtuelles, utilisant la cryptographie pour être échangées en toute sécurité sur Internet et qui, pour certaines, sont gérées de manière décentralisée* »[23]. Comme l'a expliqué Mme Vanessa FRANSSEN, ce croisement entre le virtuel et le cryptage présenterait évidemment plusieurs avantages : rapidité, absence de contrôle étatique, quasi-anonymat, paiement bon marché. Ceux-ci permettraient « *à leurs utilisateurs de dissimuler tant l'origine que la destination illicite des fonds utilisés, et d'user des monnaies virtuelles à des fins de blanchiment d'argent sale et de financement du terrorisme* »[24]. Cependant, en pratique, les crypto-monnaies paraissent peu utilisables pour financer correctement un projet terroriste en raison de nombreux inconvénients : absence de garantie et d'anonymat, frais de commission, variations de valeur, consommation d'énergie, nécessité de plateformes d'échanges… Si les crypto-monnaies ne représentent pour l'instant, qu'un faible risque vis-à-vis du financement du terrorisme, ce risque pourrait à l'avenir augmenter dans la mesure où le recours aux crypto-monnaies venait à se démocratiser, selon le Trésor britannique[25]. Mais pour une fois, il faut bien reconnaître que les pouvoirs publics semblent avoir anticipé les futures pratiques des terroristes comme l'attestent les réactions européennes[26] et américaines[27] ou bien encore françaises[28].

---

[22] V. FRANSSEN, « Le financement du terrorisme et les cryptomonnaies : quels enjeux ? », communication à la 7e journée franco-belge de droit *pénal Le financement du terrorisme* qui s'est déroulée à Nancy le 20 avril 2018, non reproduite dans cet ouvrage.

[23] J.-P. LANDAU, A. GENAIS, *Les crypto-monnaies, Rapport remis au Ministre de l'Économie et des Finances*, 4 juillet 2018, p. 4 : « *Les banques centrales soulignent, à juste titre, que les crypto-monnaies ne sont pas de vraies monnaies, dans la mesure où elles n'ont pas de cours légal. Leur utilisation comme instruments de paiement et comme réserve de valeur soulève de nombreuses questions et difficultés, analysées dans le présent rapport* ».

[24] A. SOTIROPOULOU, « Brèves réflexions sur la réglementation des monnaies virtuelles », *Bull. Joly Bourse*, juill. 2018, p. 224.

[25] https://assets.publishing.service.gov.uk/government/uploads/system/uploads/attachment_data/file/655198/National_risk_assessment_of_money_laundering_and_terrorist_financing_2017_pdf_web.pdf

[26] Résolution législative du Parlement européen du 19 avril 2018 sur la proposition de directive du Parlement européen et du Conseil modifiant la directive (UE) 2015/849 relative à la prévention de l'utilisation du système financier aux fins du blanchiment de capitaux ou du financement du terrorisme et la directive 2009/101/CE (COM(2016)0450 – C8-0265/2016 – 2016/0208(COD))

**La quatrième et dernière conclusion** concerne les mesures préventives qui sont apparues, à l'issue des interventions[29], à la fois rassurantes et inquiétantes.

- ***Rassurantes*** à un double titre. En premier lieu, il est toujours bon de savoir qu'il est possible de compter sur son banquier... même dans la lutte contre le terrorisme. En effet, en plaçant la lutte contre le financement du terrorisme en amont de toute infraction, le législateur a mis en place un système de collaboration active qui repose sur les professionnels du secteur financier auquel appartient le banquier. Ce commerçant, à la fois contrôlé et contrôleur, est devenu au fil des réformes législatives un auxiliaire de justice incontournable pour prévenir le terrorisme[30]. Toutefois, cette collaboration active des professionnels ne se traduit pas par l'octroi de droits à leur profit mais bien d'obligations qui leur sont imposées : obligations de vigilance (standard ou modulée), de déclaration et d'information dont le respect est assorti de sanctions redoutables[31]. Le système se porte plutôt bien. D'un point de vue quantitatif, le nombre de déclarations de soupçon reçues par TRACFIN en 2017 a augmenté de 10 % par rapport à 2016[32]. D'un point de vue qualitatif, les informations transmises par les banques ont permis de détecter des cas de financement du terrorisme mais également de radicalisation ou d'un départ pour le djihad.

En second lieu, il est rassurant de savoir qu'il existe un instrument efficace de lutte contre le financement du terrorisme : en l'occurrence le gel des avoirs. Comme l'a expliqué M. Jean-Baptiste THIERRY[33], cette procédure singulière mais complexe permet ainsi de bloquer les fonds et les ressources des personnes ou entités désignées ainsi que les opérations réalisées à leur profit pendant une période de six mois

---

[27] V. FRANSSEN, « Le financement du terrorisme et les cryptomonnaies : quels enjeux ? », communication à la 7e journée franco-belge de droit *pénal Le financement du terrorisme* qui s'est déroulée à Nancy le 20 avril 2018, non reproduite dans cet ouvrage.

[28] Ainsi le projet de loi « Pacte » prévoit de conférer un pouvoir de contrôle et d'agrément des acteurs de l'ICO à l'Autorité des marchés financiers (Projet de loi relatif à la croissance et la transformation des entreprises, art. 26 - version 9 octobre 2018). Voir égal. Banque de France, *L'émergence du bitcoin et autres crypto-actifs : enjeux, risques et perspectives*, rapport, mars 2018.

[29] J. LASSERRE CAPDEVILLE, « La lutte contre le financement du terrorisme par les professionnels : le cas du banquier », V. dans cet ouvrage p. 87 et s. – J.-B. THIERRY, « Le gel des avoirs », V. dans cet ouvrage p. 105 et s.

[30] J. LASSERRE CAPDEVILLE, *op. cit.*

[31] ACPR, Comm. Sanct., 22 mars 2018, *Ets de crédit B.*, n° 2017-08, *op. cit.*

[32] TRACFIN, Communiqué de presse, 27 mars 2018.

[33] J.-B. THIERRY, *op. cit.*

renouvelable… indéfiniment ? Efficace et utile contre le terrorisme, le gel des avoirs en tant que procédure (administrative) doit encore composer avec les droits fondamentaux : le droit au recours et les droits de la défense.

- ***Inquiétantes*** car au travers des deux mesures préventives qui nous ont été présentées, c'est finalement à nouveau le signe de l'émergence d'un « *droit administratif répressif* » qui sous couvert d'efficacité et de rapidité ne présente pas toujours loin s'en faut les mêmes exigences de garanties que le droit pénal. En effet, « *Le financement du terrorisme pourrait bien, en réalité, être le domaine dans lequel est né ce droit* sui generis *de la lutte contre le terrorisme, ce "sous-système répressif" que l'on a proposé d'appeler "droit répressif de la sécurité nationale" qui transcende les droits administratifs et pénaux pour laisser place à une répression exacerbée, faiblement garantiste, faiblement contrôlée, et avant tout préventive* »[34]. Ainsi, se termine, cette 7e journée franco-belge de droit pénal par une révélation : celle de la victoire du droit administratif sur notre droit pénal…

**Le Mans, 14 janvier 2019**

[34] J. ALIX, « Les incriminations du financement du terrorisme en droit français », V. dans cet ouvrage p. 58.

# Table des matières

**LES AUTEURS** ........................................................................ **5**

**AVANT-PROPOS** ........................................................................ 7
DELPHINE BRACH-THIEL

**LE TERRORISME ET SON FINANCEMENT :**
**UNE ANALYSE DE TERRAIN** ........................................................ **11**
RAPHAËL MALAGNINI

Introduction ........................................................................ 11

Deux exemples illustrant l'utilité du dispositif légal de
lutte contre le financement du terrorisme ................................... 14

La lutte contre le financement des *foreign terrorist fighters*
(F.T.F.) ........................................................................ 15

Les enquêtes financières en appui des enquêtes de
terrorisme ........................................................................ 18

Conclusion ........................................................................ 19

**LE CADRE LÉGISLATIF INTERNATIONAL ET EUROPÉEN EN MATIÈRE DE FINANCEMENT DU TERRORISME........................................................................21**

DANIEL FLORE - CHRISTOPHE DEPREZ

Introduction ........................................................................21

1. La genèse de l'incrimination du financement du terrorisme........................................................................22

1.1. La sphère des Nations unies........................................................................22

1.2. La sphère de l'Union européenne ........................................................................26

2. Les mécanismes d'action contre le financement du terrorisme........................................................................30

2.1. Le gel des avoirs ........................................................................30

2.2. La détection du financement du terrorisme........................................................................35

2.3. La coopération judiciaire internationale ........................................................................39

Conclusion........................................................................43

**LES INCRIMINATIONS DE FINANCEMENT DU TERRORISME EN DROIT FRANÇAIS ........................................47**

JULIE ALIX

I. La criminalisation primaire ........................................................................49

II. La criminalisation secondaire ........................................................................54

III. De quelques difficultés d'articulation........................................................................57

1. Concurrence interne........................................................................57

2. Concurrence externe ........................................................................59

**LES INCRIMINATION DU FINANCEMENT DU TERRORISME EN DROIT BELGE .......... 61**

PATRICK THEVISSEN

I. Les incriminations du *financement* du terrorisme .......... 63

1. Notion de terrorisme .......... 63

2. Notion de groupe terroriste .......... 67

3. Incrimination du *financement* du terrorisme .......... 68

3.1 Financement d'un groupe terroriste .......... 68

3.2. Financement d'un terroriste isolé .......... 70

4. Peines .......... 70

II. Les incriminations en lien avec la lutte contre le *financement* du terrorisme .......... 70

**LA DIFFICULTÉ DE LA LUTTE CONTRE LE FINANCEMENT DU TERRORISME .......... 73**

PHILIPPE FÉLIX-UNCANIN

1. Les Balkans occidentaux : une offre conséquente et compétitive .......... 74

1.1. Des stocks importants dans les Balkans occidentaux .......... 74

1.2. Une offre compétitive et accessible .......... 78

2. Le financement des acquisitions d'armes, de munitions et d'explosifs : la difficulté de détecter les signaux faibles .......... 79

2.1. Estimation du coût des armes et munitions utilisées en janvier 2015 .......... 80

2.2. Les principales sources de financement .......... 81

2.3. Comment détecter et interpréter les signaux faibles .......... 84

**LA LUTTE CONTRE LE FINANCEMENT DU TERRORISME PAR LES PROFESSIONNELS : LE CAS DU BANQUIER .................................................................. 89**

JÉRÔME LASSERRE CAPDEVILLE

I. Les moyens de lutte du banquier contre le financement du terrorisme......................................................................... 91

A. La détection des cas de financement du terrorisme ................ 92

1. L'obligation de vigilance du banquier ................................ 92

2. L'obligation de déclaration du banquier ............................ 94

B. La mise en œuvre des règles relatives au gel des avoirs .......... 95

1. Les procédures de gel des avoirs........................................ 95

2. Les obligations du banquier en matière de gel des avoirs........................................................................................ 96

II. Les résultats de la lutte par le banquier contre le financement du terrorisme ......................................................... 97

A. Des résultats globalement positifs .......................................... 98

1. L'essor des déclarations faites à TRACFIN........................ 98

2. La détection de cas intéressant la lutte contre le terrorisme ................................................................................ 99

B. Les améliorations encore attendues....................................... 101

1. En matière de lutte contre le financement du terrorisme... 101

2. En matière de gel des avoirs............................................. 104

**LE GEL DES AVOIRS .......... 107**
JEAN-BAPTISTE THIERRY

I. La mise en œuvre du gel des avoirs .......... 110
A. La mise en œuvre internationale .......... 110
B. La mise en œuvre nationale .......... 112

II. La contestation de la mesure .......... 113
A. Les autorités compétentes .......... 114
B. Le respect des droits de la défense .......... 115

**PROPOS CONCLUSIFS .......... 117**
JEAN-MARIE BRIGANT

# Comité International des Pénalistes Francophones

## Conseil de Direction

## Membres correspondants

**Kazumasa AKAIKE**
*Professeur à l'Université de Ryukoko de Kyoto (Japon)*
*Doyen de la Faculté de droit*

**Eylem Aksoy RETORNAZ**
*Professeur à l'Université de Galatasaray (Turquie)*

**Mehmet Emin ARTUK**
*Professeur à l'Université de Marmara (Turquie)*
*Doyen de la Faculté de droit*

**Christophe BARON**
*Avocat au Barreau du Costa Rica (Costa Rica)*

**Tarsis BARRETO OLIVEIRA**
*Professeur à l'Université de Tocantins (Brésil)*

**Marie-Aude BEERNAERT**
*Professeur à l'Université catholique de Louvain (Belgique)*

**Philippe BONFILS**
*Professeur à l'Université d'Aix-Marseille (France)*
*Doyen de la Faculté de droit*
*Avocat à la cour*

**Mohamed CHAWKI**
*Vice-Président du Conseil d'État (Égypte)*
*Président de l'Association Internationale de lutte contre la Cybercriminalité*

**José Luis DE LA CUESTA**
*Professeur à l'Université de San Sebastian (Espagne)*
*Ancien président de l'Association Internationale de Droit pénal*

**Rodrigo DE SOUZA COSTA**
*Professeur à l'Université Fédérale Fluminense (Brésil)*

**Ndiaw DIOUF**
*Professeur à l'Université Cheikh Anta Diop de Dakar (Sénégal)*
*Doyen de la Faculté des sciences Juridiques et Politiques*

**Joseph A. HADDAH**
*Avocat au barreau de Beyrouth (Liban)*

**Gustavo GARIBALDI**
*Professeur à l'Université de Buenos-Aires (Argentine)*
*Magistrat*

**Aleksandras GONČARKO**
*Professeur à l'Université Mykolas Romeris (Lituanie)*
*Avocat*

**Audrey GUINCHARD**
*Professeur à l'Université d'Essex (Royaume-Uni)*

**Mohamed JAOUHAR**
*Professeur à l'Université de Casablanca (Maroc)*
*Vice Doyen de la Faculté de Droit*

**Christian JAËGER**
*Professeur à l'Université de Bayreuth (Allemagne)*

**Manon JENDLY**
*Maître d'enseignement et de recherche à l'Université de Lausanne (Suisse)*

**Ahmed KHALIFA**
*Professeur à l'Université Ain Shams du Caire (Égypte)*

**André KUHN**
*Professeur à l'université de Neuchâtel (Suisse)*

**Katalin LIGETI**
*Professeur à l'Université du Luxembourg (Luxembourg)*

**Valérie MALABAT**
*Professeur à l'Université de Bordeaux (France)*
*Directrice de l'Institut de sciences criminelles et de la justice*

**Carlos Alberto MAHIQUES**
*Président de chambre du Tribunal de Cassation pénal,*
*Buenos Aires (Argentine)*
*Professeur à l'Université de Buenos Aires*

**Mostefa MAOUENE**
*Professeur à l'Université Sidi bel abbès (Algérie)*

**Anabela MIRANDA RODRIGUES**
*Professeur à l'Université de Coimbra (Portugal)*
*Doyen de la faculté de droit*

**Yvan MONTOYA**
*Professeur à l'Université Pontificale Catholique du Pérou à Lima (Pérou)*

**Philomene NASR**
*Professeur à l'Université Libanaise (Liban)*
*Doyen honoraire de la Faculté de droit*

**Nicky PADFIELD**
*Professeur à l'Université de Cambridge (Royaume-Uni)*

**Théodore PAPATHEODOROU**
*Recteur de l'Université du Péloponnèse (Grèce)*

**Hugues PARENT**
*Professeur à l'Université de Montréal (Canada)*

**Priit PIKAMÃE**
*Président de la Chambre criminelle à la Cour Suprême d'Estonie (Estonie)*

**Xavier PIN**
*Professeur à l'Université de Lyon 3 (France)*

**Jean PRADEL**
*Professeur émérite de l'Université de Poitiers (France)*
*Président honoraire de l'Association Française de Droit Pénal*

**Pierre RAINVILLE**
*Professeur à l'Université de Laval (Canada)*

**Joan Miquel RASCAGNERES**
*Avocat au Barreau d'Andorre (Andorre)*
*Ancien Bâtonnier (Andorre)*
*Ancien Membre du CPT (Conseil de l'Europe)*

**Jean-Christophe SAINT-PAU**
*Professeur à l'Université de Bordeaux (France)*
*Doyen de la Faculté de droit*

**Altin SHEGANI**
*Professeur à l'Université de Tirana (Albanie)*
*Doyen de la Faculté de droit*

**Yuji SHIRATORI**
*Professeur à l'Université d'Okkaido (Japon)*

**Rosaria SICURELLA**
*Professeur à l'Université de Catania (Italie)*

**Piotr STENIAK**
*Professeur à l'Université de Poznan (Pologne)*

**Florin STRETEANU**
*Professeur à l'Université de Cluj-Napoca (Roumanie)*
*Doyen de la Faculté de droit*

**Anas TALBI**
*Professeur à l'Université de Marrakech (Maroc)*
*Président du groupe Marocain de Droit Pénal*

**Tudorel TOADER**
*Professeur à l'Université de Lasi (Roumanie)*
*Doyen de la Faculté de droit*
*Membre de la Cour constitutionnelle*

**Hongyu WANG**
*Professeur à l'Université de Hainan (Chine)*

**Xiaowei ZHANG**
*Professeur à l'Université de Shangai (Chine)*

# DROIT
# AUX ÉDITIONS L'HARMATTAN

*Dernières parutions*

**DROIT DES RESSOURCES NATURELLES**
**Éléments d'élaboration, d'analyse et d'évaluation des lois**
*Mukendi Mukendi Ntantamika*
*Préface de Maître Emery Mukendi Wafwana*
Cet ouvrage tente de répondre à la problématique induite par la quête scientifique et politique d'un meilleur système d'appropriation des ressources naturelles, d'un meilleur dispositif de contrôle d'accès à leurs gisements et de redistribution des revenus de leur exploitation. C'est par la construction d'archétypes de régimes juridiques déduits des critères institutionnels, écologiques, sociaux et économiques du principe de développement durable que ce livre procède.
*(Coll. Harmattan RDC, 612 p., 49 euros)*
*ISBN : 978-2-343-15169-4, EAN EBOOK : 9782140122569*

**LES PROCÉDURES DE CONTRÔLE A POSTERIORI EN RD CONGO**
**Mise en oeuvre de contrôles douaniers et accisiens modernes et efficaces**
*Alain Tenday Lupumba*
*Préface d'Albert Yuma Mulimbi - Postface de Gabriel Mwepu Numbi*
"Les objectifs de cet ouvrage sont de sensibiliser les professionnels et les autres acteurs du commerce international aux spécificités du contrôle douanier a posteriori et d'offrir une approche pratique et spécifique des rôles et responsabilités des uns et des autres. En l'intitulant Les procédures de contrôle a posteriori en RD Congo, mise en oeuvre de contrôles douaniers et accisiens modernes et efficaces, l'auteur a volontairement pris le parti de questionner l'ensemble des composantes susceptibles d'influencer la performance de l'administration douanière, y compris les aspects humains" (extrait de la préface de Albert Yuma Mulimbi)
*(Coll. Comptes Rendus, 270 p., 28 euros)*
*ISBN : 978-2-343-17235-4, EAN EBOOK : 9782140122149*

**AN OUTILINE OF CUSTOMS POLICY OF THE DEMOCRATIC REPUBLIC OF CONGO**
**2003-2010**
*Jean-Paul Esamba Bokel'Ipoka*
*Foreword by Déo Rugwiza Magera*
An Outline of Customs Policy of the Democratic Republic of Congo presents in the easiest way what is meant by customs policy in general, its basics namely: objects, elements, sources, instruments, functions (...), regional and international frameworks. The author stresses on the customs policy progress from 2003 to 2010, which is a decisive period in the DRC customs management, through the implementation of 2003 customs reform and modernization programme.
*(Coll. Harmattan Cameroun, 156 p., 17 euros)*
*ISBN : 978-2-343-17710-6, EAN EBOOK : 9782140122040*

## LA GOUVERNANCE FORESTIÈRE EN RÉPUBLIQUE DU CONGO 1899-2017

*André Ondele-Kanga*

Ce livre a été rédigé pour documenter et archiver, au profit des générations futures, l'historique de la gouvernance forestière en République du Congo de 1899 à 2018. Il dénonce un paradoxe de la gouvernance forestière actuelle qui, renonçant à la croissance économique du secteur, fonde son satisfécit sur le succès diplomatique retentissant qui fait jouer au pays un rôle honorifique de leadership des forêts du bassin du Congo.

*(Coll. Harmattan Congo-Brazzaville, 376 p., 37,5 euros)*

*ISBN : 978-2-343-15305-6, EAN EBOOK : 9782140121845*

## LES CHEFFERIES TRADITIONNELLES AFRICAINES FACE À LA DYNAMIQUE DES RÉFORMES TERRITORIALES

**Contribution à l'étude des processus de décentralisation**

*Koko Adiki Tovenim*

Cette étude, au-delà d'un bilan sur les processus de décentralisation en Afrique, se veut aussi prospective en offrant une mise à jour des institutions locales en Afrique subsaharienne dans le cadre des réformes territoriales entreprises ces dernières années.

*(Coll. Études africaines, 228 p., 24,5 euros)*

*ISBN : 978-2-343-17045-9, EAN EBOOK : 9782140121371*

## LES MUTATIONS RÉCENTES DE LA JUSTICE ADMINISTRATIVE EN AFRIQUE FRANCOPHONE

**Etude critique à partir du modèle camerounais**

*Olivier Fandjip*

En Afrique francophone, on observe ces dernières années des réformes qui tendent, d'une part, à consolider les différents modèles de justice administrative en vigueur et, d'autre part, à améliorer la qualité de la justice. Ces évolutions renouvellent les interrogations sur la déconcentration et l'autonomie des juridictions administratives. À travers une analyse critique et prospective, cet ouvrage montre que, malgré l'importance de ces mutations, les problématiques de l'accès et de l'autonomie de la justice administrative se posent encore avec acuité.

*(Coll. Études africaines, 254 p., 25 euros)*

*ISBN : 978-2-343-16510-3, EAN EBOOK : 9782140120657*

## DROITS DES TÉLÉCOMS ET DU NUMÉRIQUE

**Profil africain et congolais, prospective comparée d'Europe et de France**

*Kodjo Ndukuma Adjayi*

Les télécoms, l'Internet et le numérique sont des facteurs techniques de transformation du droit. À l'origine, les télécoms étaient sous le régime des services publics. À partir des États-Unis et de l'Europe, l'OMC (1994-1997) a promu le droit sectoriel de la régulation. Partout, de nouveaux défis sont nés, dans le démantèlement des monopoles vers une totale économie de marché. Pour la République démocratique du Congo, ses lois « dérégulatrices », figées depuis le 16 octobre 2002, contrastent avec les mutations numériques, économiques et sociétales des États postmodernes à l'épreuve d'Internet. L'« Europe des télécoms » réajuste constamment sa politique législative autour d'objectifs structurants : construction du marché, diffusion technologique, protection des données, etc. Si l'Afrique s'adapte à peine et avec peine, la République démocratique du Congo entend bien encadrer télécoms et TIC, renouveau de régulation étatique, échanges et commerce électroniques, à travers trois textes de loi en gestation...

*(Coll. Enjeux et droits numériques, 434 p., 39 euros)*

*ISBN : 978-2-343-15722-1, EAN EBOOK : 9782140119033*

**DROIT DE L'ÉCONOMIE NUMÉRIQUE**

**E-commerce et dérégulation européenne, française, internationale, africaine, congolaise des télécoms**

*Kodjo Ndukuma Adjayi*

Télécoms, Internet et numérisation ont donné prise à la révolution numérique. La phénoménologie d'ordre sociétal qui en résulte est une source réelle pour le Droit. Aujourd'hui, l'État fait face à des polycentres du pouvoir normatif et aux géants planétaires du Net. L'indépendance du Net postule la régulation seulement par le code informatique et par le marché. Tourneboulés, les paradigmes du droit offrent deux approches possibles de législation : via le contenu des activités réseautées ou via leur contenant. Le réseau est, en effet, la voie électronique pour le commerce à distance. Il monétise la valeur du clic ainsi que les intelligences sans cesse inventives. Il faut donc appréhender les enjeux dans le champ d'un Droit de l'économie numérique.

*(Coll. Enjeux et droits numériques, 460 p., 42 euros)*

*ISBN : 978-2-343-15721-4, EAN EBOOK : 9782140119057*

**ESCULAPE ET MARS**

**Certificat médical et détention d'armes**

*Tanguy Kerneïs*

Comment rédiger un certificat médical pour "faire du tir" et que faut-il écrire ? Engage-t-on sa responsabilité pour établir un certificat lors d'une demande d'inscription à l'examen du permis de chasser ou pour rédiger un document pour ce patient qui vient d'hériter du fusil du grand-père et qui veut le conserver ? Cet ouvrage explique les arcanes de la législation des armes et détaille les diverses situations pour que ces certificats ne deviennent pas une source d'inquiétude supplémentaire à une époque où la détention et l'usage d'une arme provoquent une angoisse sociétale.

*SPM (92 p., 13 euros)*

*ISBN : 978-2-917232-98-9, EAN EBOOK : 9782140119460*

**CENTENAIRE DE LA DEUXIÈME RÉVOLUTION RUSSE**

**Perceptions et représentations contemporaines**

*David Cumin*

2017 fut l'année du centenaire de la Révolution russe. Les contributions regroupées dans cet ouvrage s'intéressent aux perceptions et aux représentations contemporaines de cet événement. Comment perçoit-on le bolchevisme et l'URSS de nos jours, aussi bien en Russie qu'en France ou en Europe occidentale ? Andreï Gratchev (ancien conseiller de Mikhaïl Gorbatchev) fournit une réponse inédite sur ce point.

*(Coll. Épistémologie et philosophie des sciences, 182 p., 19 euros)*

*ISBN : 978-2-343-17482-2, EAN EBOOK : 9782140120411*

## SÉPARATION DES POUVOIRS ET CONTRE-POUVOIRS

**Actes des 1ères journées scientifiques de droit constitutionnel**

**Palais des Congrès de Niamey, du 10 au 13 octobre 2017**

*Oumarou Narey*

*Avec l'Association Nigérienne de Droit Constitutionnel (Andc)*

L'ouvrage tente de remettre en lumière l'essence de la séparation des pouvoirs et l'esprit des contre-pouvoirs alors qu'ils ont toujours été au centre des débats doctrinaux. La tombée en désuétude de la théorie ou son inadaptation aux réalités contemporaines fait que l'on assiste aujourd'hui à la construction d'une notion de substitution, celle de contre-pouvoir. Mais le recours presque frénétique à la notion, dans le champ du droit constitutionnel et politique, comporte un risque principal : celui de la perte de toute portée explicative et de son sens critique.

*(Coll. Harmattan Sénégal, 518 p., 49 euros)*

*ISBN : 978-2-343-16827-2, EAN EBOOK : 9782140120237*

## QUAND SURVEILLER C'EST PUNIR

**Vers un au-delà de la justice pénale**

*Dominique Rivière*

Punir semble la réponse naturelle à un acte jugé indésirable. Pourtant, constatant l'impossibilité de définir clairement l'acte délictueux ou criminel, et réalisant que ce sont surtout les pauvres qui sont punis, la question du sens de la peine se pose, et plus encore sa justification. Remplacer le mot crime par situation problème, c'est envisager un au-delà de la justice rétributive. Refuser toute violence, c'est aller vers une société où le paradigme punitif cède la place au soin, à l'éducation, à la médiation, à la protection des personnes. Abolir la prison, et le Code pénal, suppose un changement de regard : l'autre, dans une altérité parfois très difficile, reste un être de parole et ne peut être l'objet de coercition. Puissent ces lignes ouvrir un nouvel horizon qui exclue radicalement la violence.

*(Coll. Questions contemporaines, 222 p., 22,5 euros)*

*ISBN : 978-2-343-17356-6, EAN EBOOK : 9782140120138*

## POUR UNE CRIMINOLOGIE INTERCULTURELLE

**Ethnoprobation**

*Guillaume Arandel*

*Préface de Philippe Pottier. Postface de Loïck M. Villerbu*

Travailler avec des personnes délinquantes ou victimes suppose une adaptation à la diversité humaine et la singularité des situations. Or, dans un contexte d'interculturalité, les risques d'incompréhensions, de méprises et de maladresses sont démultipliés. L'analyse proposée ici s'appuie sur différentes méthodes et s'inspire de disciplines telles que : l'approche comparée (France, Canada, Mali), la philosophie, l'anthropologie juridique, l'ethnopsychiatrie, la communication interculturelle ou encore des témoignages. Développer ces savoirs revient à se donner l'opportunité de mieux appréhender les différentes cultures pour, in fine, encourager une meilleure prise de conscience de celle dans laquelle nous évoluons. Il s'agit de mieux appréhender les cultures questionnées, en comprendre leurs déviances et de gagner en lucidité sur leurs valeurs.

*(Coll. Controverses, 134 p., 15 euros)*

*ISBN : 978-2-343-17291-0, EAN EBOOK : 9782140120008*

## Structures éditoriales du groupe L'Harmattan

**L'Harmattan Italie**
Via degli Artisti, 15
10124 Torino
harmattan.italia@gmail.com

**L'Harmattan Hongrie**
Kossuth l. u. 14-16.
1053 Budapest
harmattan@harmattan.hu

---

**L'Harmattan Sénégal**
10 VDN en face Mermoz
BP 45034 Dakar-Fann
senharmattan@gmail.com

**L'Harmattan Cameroun**
TSINGA/FECAFOOT
BP 11486 Yaoundé
inkoukam@gmail.com

**L'Harmattan Burkina Faso**
Achille Somé – tengnule@hotmail.fr

**L'Harmattan Guinée**
Almamya, rue KA 028 OKB Agency
BP 3470 Conakry
harmattanguinee@yahoo.fr

**L'Harmattan RDC**
185, avenue Nyangwe
Commune de Lingwala – Kinshasa
matangilamusadila@yahoo.fr

**L'Harmattan Congo**
67, boulevard Denis-Sassou-N'Guesso
BP 2874 Brazzaville
harmattan.congo@yahoo.fr

**L'Harmattan Mali**
Sirakoro-Meguetana V31
Bamako
syllaka@yahoo.fr

**L'Harmattan Togo**
Djidjole – Lomé
Maison Amela
face EPP BATOME
ddamela@aol.com

**L'Harmattan Côte d'Ivoire**
Résidence Karl – Cité des Arts
Abidjan-Cocody
03 BP 1588 Abidjan
espace_harmattan.ci@hotmail.fr

**L'Harmattan Algérie**
22, rue Moulay-Mohamed
31000 Oran
info2@harmattan-algerie.com

**L'Harmattan Maroc**
5, rue Ferrane-Kouicha, Talaâ-Elkbira
Chrableyine, Fès-Médine
30000 Fès
harmattan.maroc@gmail.com

---

## Nos librairies en France

**Librairie internationale**
16, rue des Écoles – 75005 Paris
librairie.internationale@harmattan.fr
01 40 46 79 11
www.librairieharmattan.com

**Lib. sciences humaines & histoire**
21, rue des Écoles – 75005 Paris
librairie.sh@harmattan.fr
01 46 34 13 71
www.librairieharmattansh.com

**Librairie l'Espace Harmattan**
21 bis, rue des Écoles – 75005 Paris
librairie.espace@harmattan.fr
01 43 29 49 42

**Lib. Méditerranée & Moyen-Orient**
7, rue des Carmes – 75005 Paris
librairie.mediterranee@harmattan.fr
01 43 29 71 15

**Librairie Le Lucernaire**
53, rue Notre-Dame-des-Champs – 75006 Paris
librairie@lucernaire.fr
01 42 22 67 13

www.ingramcontent.com/pod-product-compliance
Lightning Source LLC
LaVergne TN
LVHW021236061026
849535LV00008B/3088